Via Francigena

로마로 가는 길

로마 순례길

걸어간다 살아간다

04

김혜지 지음

책구름

로마로 가는 길

ⓒ김혜지 2022

1판 1쇄 발행 2022년 7월 30일

지은이 김혜지
펴낸이 정태준

편　집 곽한나, 김라나
디자인 김주연
마케팅 안세정
편집장 자현

펴낸곳 책구름 (출판등록 제2019-000021호)
팩　스 0303-3440-0429
이메일 bookcloudpub@naver.com
블로그 blog.naver.com/bookcloudpub

ISBN: 979-11-979082-4-8(03920)

Via Francigena

로마로 가는 길

순례자는 출발하는 사람과 걷는 사람

몸보다 마음이 먼저 로마로 향하고 있었다

길이 아니라 내가 보이기 시작했다

사람과 사람을 연결해 주고 응원해 주는 수많은 인연

함께 걸어줘서 고마워

비아 프란치제나(Via Francigena)란?

비아 프란치제나는 영국 캔터베리(Canterbury)를 시작으로 프랑스, 스위스, 이탈리아를 거쳐 베드로의 무덤이 있는 바티칸까지, 약 2000킬로미터에 달하는 성지 순례길이다. 10세기 말 시제리코(Sigerico) 대주교가 교황으로부터 팔리움(Palium, 가톨릭 대주교에게 수여하는 복장, 견대)을 받기 위해 로마로 떠났다가 돌아오는 여정을 기록한 것이 기원이다. 기록에 남아있는 비아 프란치제나 여정은 79개 코스로, 약 650개의 소도시와 마을이 1천 년 역사를 가진 순례길로 재해석되어 유네스코 문화유산 등록 절차를 진행하고 있다. 그중 이탈리아 구간은 발레 다오스타(Valle d'Aosta), 피에몬테(Piemonte), 롬바르디아(Lombardia), 에밀리아 로마냐(Emilia Romagna), 리구리아(Liguria), 토스카나(Toscana), 라치오(Lazio) 등 7개 주와 140개 지방 자치단체를 가로지르는 총 45개 코스로 구성되어 있다.

로마에서 비아 프란치제나 수드(Via Francigena del Sud) 루트를 따라 남부 풀리아(Puglia) 주의 브린디시 항구를 통해 예루살렘까지 갈 수도 있고, 반대로 북쪽 루니(Luni)에서 프랑스 또는 몽세니(Mont Cenis)에서 비아 톨로사나(Via Tolosana)를 따라 스페인 산티아고 길을 걷기도 한다. 비아 프란치제나는 순례길일 뿐만 아니라 철도가 보급되기 이전에는 상업의 길로서도 중요한 역할을 했다. 현재 비아 프란치제나에는 수많은 교구와 종교단체들이 순례자들을 위한 숙소(Ospitalìta, 오스피탈리타)를 운영하고 있다.

contents

Lazio

다만 그곳에 우리가 있었다

여행업에 종사하는 남편이 코로나로 일이 끊긴 지 1년하고도 3개월. 주머니는 솜털처럼 가벼워졌고, 머릿속은 하지 않아도 될 걱정과 30대 백수 부부의 다양한 고민으로 가득 차 있었다. 이제 괜찮겠지, 싶어 몸을 일으켜 세우면 이내 고꾸라지고, 이제는 정말 끝이겠지, 싶어 고개를 들자 베타, 감마, 델타 등 새로운 변이가 줄줄이 나타났다. 힘주어 길게 뻗어본 목이 내쳐진 기분마저 들었다. 코로나라는 역병은 모두에게 같은 값이었으나 내가 널브러져 있는 동안 누군가는 바삐 머리를 굴려 저만치 앞서 나갔다. 이미 뒤쫓을 수 없을 만큼 격차가 벌어져 있었다. 이를 악물고 달려 나가다 잠시 휘청거린 그 짧은 순간에….

나는 다시 일어나 걸을 준비를 해야 했으나 쉽게 발걸음이 떨어지지 않았다. 사방이 내가 흘린 피로 얼룩져 있었고, 나는 금방이라도 터져버릴 듯 울음을 머금고 있었다. 나 스스로뿐만 아니라 서로에게 부정적인 에너지를 뿜어내며 부부 사이에 아슬아슬 생채기를 내는 날도 잦아졌다. 일상은 언제쯤 되찾을 수 있을지, 그보다 우리는 무엇을 해야 할지.

도무지 알 수가 없어 막막하기만 했다.

결혼 생활 5년 차. 한 권의 책을 출간한 이후 작가라는 명함을 얻기 전까지 나는 '가정주부' 또는 '누구의 부인' 이외에 어떤 역할도 가져본 적이 없었다. '남편이 벌어주는 돈으로 유럽에서 먹고 노는 좋은 팔자'라는 타인의 말이 가슴에 박히기도 했다. 내 존재가 사라져 버린 것 같은 자존감의 하락은 코로나 상황과 만나면서 걷잡을 수 없이 소용돌이치다가 나락으로 떨어졌다. 그랬다더라, 하더라 하는 타인의 말에 휘둘리기 일쑤였고, 코로나 시대에도 예외 없이 나가야 하는 월세 백만 원은 매달 숨통을 조여왔다. 카드 돌려막기를 하듯이 콘텐츠를 판매하고 유튜브 채널에서 창출된 수익으로 월세를 해결했다. 그 생활이 1년쯤 지나자 궤도에 올랐다. 그제야 숨통이 조금 트였다.

'선엄빙'이라는 존재가 밑바닥부터 기세게 흔들고 나가, 금전적으로도 마음에도 여유가 없어졌다. 숨기고 싶었던 타인과 나의 결함이 한둘씩 드러났다. 인간에 대한 회의뿐만 아니라 감히 삶의 허무마저도 느꼈다. 내가 있는 힘껏 잘 살아내야만 하는 이유, 특히 이탈리아에서 살아야만 하는 이유에 대해 끊임없이 고민했다. 나를 찾고 싶었다. 삶을 지속해야만 하는 이유에 대해서도 직면할 필요가 있었다.

짧은 위기의 순간에 인간은 시기와 질투, 우정과 사랑, 그리고 근본적인 미움 사이를 방황한다. 우리도 마찬가지였다. 팬데믹을 겪으면서 인간관계는 데면데면해졌고, 사회는 피폐해졌다. 이대로 더는 안 되겠다 싶었는지 어느 날 갑자기 남편이 이탈리아 성지 순례길 이야기를 꺼냈다. 수많은 사람들이 인생의 전환점에서 성지 순례길을 찾는다면 반드시 이유가 있을 거라고. 내팽개쳐졌다가 일어나 걷기를 반복하면서 길 위에서 다시 살아갈 힘을 얻어 보자고. 그 길을 걷고 나면 '세상 무서운 것이 없다'라는 수많은 순례자 선배들의 말을 믿어보자고 했다.

남편은 영국 캔터베리(Canterbury)에서 출발해 총 2000킬로미터에 달하는 '비아 프란치제나'라는 순례길 중에서 가장 아름답다는 토스카나 구간 딱 200킬로미터만 걷고 오자고 제안했다. 나는 덥석 물었다. 당장 며칠 후에 떠나기로 했다. 왜 그날이어야만 했는지는 기억나지 않는다. 다만 하루라도 빨리 현실에서 벗어나 맹목적으로 걷고만 싶을 뿐이었다.

걷기로 마음먹고 난 뒤 제일 걱정되었던 건, 전염병보다도 우리의 허약한 체력이었다. 무기력에 빠져 허우적대느라 취침과 기상 시간이 불규칙했다. 하루 중 가장 활발하게 몸을 쓸 때는 슈퍼마켓에 가는 일뿐이었다. 하루 10킬로미터를 마음먹고 걸어본 적이 없었다. 평소 같았으면 무슨 200킬로미터냐고 잔소리를 했을텐데, 어쩐지 이번만큼은 군말 없이 따르고 싶었다. 아니, 내가 더 적극적으로 나섰다. 새로 채우기 위해서는 온전히 비워내야만 했고, 지금이야말로 적절한 시기이지 싶었다.

그렇게 우리는 진짜 아무런 준비도, 사전 정보도 없이 10킬로그램에 달하는 배낭을 메고 순례길 여정을 시작했다. 비누 하나로 세수부터 샤워, 머리 감기까지 할 수 있는 나는 비누를 포함한 세면도구와 속옷 세 벌, 아래위로 갈아입을 옷 세 벌, 양말 세 켤레까지 '333시리즈'로 짐 꾸리기를 완료했다. 그리고 성지 순례길을 떠나겠노라고 동네방네 공표하기 시작했다. 다양한 걷기 경험자들이 여러 조언을 해준 덕분에 우비와 스틱, 모자를 추가해서 그럴듯하게 짐을 꾸렸다. 코로나 상황으로 여전히 세상은 어지러웠고 백신 접종도 하지 않은 상태였다. 정말 아무것도 몰라서 소풍가듯 그토록 가벼운 마음으로 떠날 수 있었다.

남편은 딱 열흘만 걷자고 제안했지만 첫날의 코스를 완주하면서 나는 알 수 있었다. 20일 뒤에 우리는 예정했던 것보다 곱절의 시간을 걸어 로마 바티칸에 도착해 있을 거라고. 걸으면서 행복한 표정의 사람들을 마주하며 얻는 에너지가 신선했고, 햇살도 공기도 다양한 이탈리아의 소도시들을 만나는 것도 좋았다. 외로움이 찾아오는 순간들이 있었지만, 생의 대부분이 외로움 속에 굴러간다는 것을 이제는 안다. 덕분에 온전히 우리 두 사람만의 시간을 얻었다. 묵묵히 걸으면서 친구로서, 반려자로서, 그리고 스스로에 대해 반추해 보는 소중한 날들이었다.

걷는 동안 우리의 걱정은 오로지 내일의 잠자리뿐이었다. 얼마나 단순한 삶인가. 아침에 일어나면 걷고, 때가 되면 먹고, 잠을 자고 긴 숨을 몰아쉬기를 반복하다 보니 어느새 우리는 진짜 로마 바티칸에 도착해 있었다. 억지로 내디딘 발걸음이 아니라 몸보다 마음이 먼저 로마로 향하고 있었다.

두 발로 걸어 목적지에 도착했지만, 우리가 기대했던 정답 같은 것은 없었다. 다만 그곳에 우리가 있었다. 내팽개쳐지고 주저앉아도 다시 일어나 걸을 수 있는 우리, 두 사람이.

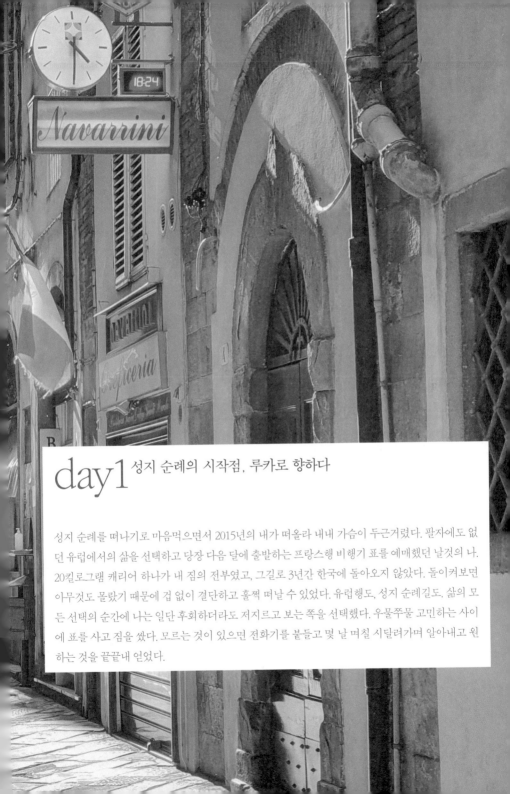

day1 성지 순례의 시작점, 루카로 향하다

성지 순례를 떠나기로 마음먹으면서 2015년의 내가 떠올라 내내 가슴이 두근거렸다. 팔자에도 없던 유럽에서의 삶을 선택하고 당장 다음 달에 출발하는 프랑스행 비행기 표를 예매했던 날것의 나. 20킬로그램 캐리어 하나가 내 짐의 전부였고, 그길로 3년간 한국에 돌아오지 않았다. 돌이켜보면 아무것도 몰랐기 때문에 겁 없이 결단하고 훌쩍 떠날 수 있었다. 유럽행도, 성지 순례길도, 삶의 모든 선택의 순간에 나는 일단 후회하더라도 저지르고 보는 쪽을 선택했다. 우물쭈물 고민하는 사이에 표를 사고 짐을 쌌다. 모르는 것이 있으면 전화기를 붙들고 몇 날 며칠 시달려가며 알아내고 원하는 것을 끝끝내 얻었다.

생존에 필요한 모든 것을 짊어지자 헉! 소리가 절로 났다. 순례길 선배들에 따르면 배낭은 자기 몸의 10퍼센트 미만이어야 걷기에 무리가 없다고 했다. 겨우 열흘 남짓 생존에 꼭 필요한 물건만 챙겼는데도 어찌하여 10킬로그램에 육박하는 것인가.

목적지를 정하고 무작정 걷기만 하는 여행은 처음이라 모든 것이 그야말로 어설펐다. 발에 맞는 트레킹화를 준비할 새도 없어 가장 익숙한 낡은 운동화를 신고 집을 나섰다. 반질반질한 새 가방에 나이키 에어 운동화를 신은 내 모습은 누가 봐도 초보 순례자 티가 났을 것이다.

이탈리아 여행은 수도 없이 했다고 자부해 왔는데, 팬데믹 이후에는 집 앞 슈퍼마켓에 가는 것이 걷기의 전부였던 나에게 열흘을 내리 걷는 일은 마치 불가능한 미션 같았다. 하루에 몇 시간을 걸어야 하는지, 어떤 준비물이 필요한지도 모른 채 시작된 무모한 여정이었다. 선크림이나 비상약품 하나 없이 뙤약볕에 200킬로미터를 걷겠다고 작정했고, 결국에는 400킬로미터를 걸었다.

오전 10시. 기차역으로 가기 위해 집을 나섰다. 벌써 햇볕은 정수리 꼭대기에서 우리를 쏘아보고 있었다. 아스팔트의 열기가 반사판처럼 들들 끓어올랐다. 10킬로그램짜리 배낭을 메고, 이 열기를 감당하며 과연 200킬로미터를 걸을 수 있을까? 가방의 무게보다 더 무거운 걱정들이 나를 짓눌렀지만 되돌리기엔 이미 늦었다. 성지 순례길을 떠나겠노라고 이미 동네방네 큰소리를 뻥뻥 쳤고, 결정하자마자 기차와 첫날의 숙소를 미리 결제해두었으니 말이다. 언제나처럼 시작할 수밖에 없는 환경으로 나를 스스로 몰아넣은 것이다.

기차역에 도착하자 수많은 사람이 들뜬 표정으로 기차를 기다리고 있었다. 나는 멍하니 그들을 쳐다보다가 이내 다리에 힘이 풀려 자리에 풀썩 주저앉았다. 그러다 가방의 무게에 못 이겨 엉덩방아를 찧고 말았다. 그대로 그 자리에 눌러앉아 도저히 못 가겠다고, 속으로는 어린아이처럼 생떼를 쓰고 있었으나 차마 입 밖으로는 내뱉지 못했다. "한 번 가볼까?" 툭 하고 던진 남편의 말에 온갖 이유를 붙여가며 지금이 아니면 안될 것처럼 성급하게 떠나온 발걸음이었기 때문이었다.

내가 사는 베네치아에서 루카(Lucca)로 가기 위해서는 피렌체까지 급행열차를 타고 간 뒤 완행열차로 갈아타야 했다. 코로나로 옆자리를 비워야 하는 정책 때문에 기차의 절반은 비었고 종이컵에 나눠주던 음료는 500밀리리터 생수 한 병으로 대체 되었다. 모두가 마스크로 가린 입을 꾹 다문 채 창밖을 응시하거나 핸드폰 속 세상에 몰누했다. 꼭 1년 만에 타보는 프레챠로싸(Frecciarossa, 급행열차)였다. 기차를 탄다는 것은 항상 호기심을 자극하는 일이지만 물 한 모금 마시는 것도 눈치를 봐야 하는 실내공간이 불편했다. 침묵하는 분위기가 우리를 짓눌렀다.

마스크는 표면적으로 입과 코를 가려 바이러스의 침입을 막는 수단이 되었지만, 사람들 사이 마음의 문도 철저히 닫게 했다. 안 되는 것도 되게 하는 인간적이고 '정'이 있는 나라가 바로 이탈리아였다. 하지만 마스크가 필수품이 된 이후에는 안되는 것은 철저하게 '노(No)'를 하는 분위기가 되었다. 비대면 시대가 되었고, 모든 행사는 온라인으로 진행되었으며 반가움의 볼 뽀뽀는 한때 벌금의 대상이 되기도 했다. 한 치 앞도 예측할 수 없는 상황을 대비해 오늘 이후부터는 숙소 예약도 하지 않았다. 그날 머물 숙소를 당일에 예약하기로 했다. 철저하게 계획하고 모든 것을 확정 짓고서야 여행을 떠났던 우리로서는 낯선 스타일의 여행이었다. 사람들의 일그러진 표정을 보면서 문득 '버스와 기차 특히 비행기는 인간만이 아니라 바이러스의 빠른 운송 수단으로서도 한몫했겠구나.' 하는 생각을 하다가 나도 모르게 잠이 들었다.

피렌체 중앙역에 도착해보니 제법 많은 사람이 마스크를 코끝까지 올려 쓴 채 분주하게 움직이고 있었다. 플랫폼과 기차 통로는 입구와 출구를 분리해 접촉을 피하는 대신 동선을 최대한 길게 늘어뜨려 놓았다. 새로운 시스템이 낯설어 다른 사람의 뒤꽁무니를 쫓아 플랫폼 밖으로 간신히 빠져나갔다. 피로와 허기가 한꺼번에 몰려오면서 당분 섭취가 간절해졌다. 보송보송한 거품이 가득한 카푸치노에 입술을 파묻고 한 모금 크게 들이켰다. 이어서 딸기 맛 마카롱을 한입에 가득 넣고 우걱우걱

소리 내 씹었다. 찐득한 마카롱 조각들이 덕지덕지 달라붙은 걱정처럼 잇몸까지 따라붙었다. 혀끝으로 억지로 떼어내며 옆에 놓인 커다란 가방을 원망 섞인 눈빛으로 바라보았다. 앞으로 열흘을 함께하게 될 가방이었다. 맞은편에 있는 남편에게 들릴 것처럼 심장이 크게 날뛰었다. 그는 여전히 평온하고 자신만만해 보였으나, 실은 생각에 잠긴 짙은 눈썹이 팔자로 마구 휘적이고 있었다. 우리는 그렇게 요동치는 눈썹과 팔딱거리는 심장을 제멋대로 둔 채 아무 말 없이 시간을 흘려보냈다.

전광판에서 타야 할 기차를 확인한 뒤 다시 플랫폼을 향해 걸어갔다. 느린 기차에 탑승하자 환한 햇살이 커다란 창문으로 쏟아져 들어왔다. 내일부터 우리가 걷게 될 토스카나의 풍경을 미리 눈에 담아 보았다. 푸른 능선, 하얀 구름, 6월의 토스카나 모습에 조금 위안이 되는 것을 느끼며 나도 참 단순한 인간이구나 싶었다. 열다섯 개 남짓의 정류장을 거치는 동안 내일의 목적지인 '알토파쇼(Altopascio)'라는 이름이 선명하게 귓가를 스쳤다. 마치 첫사랑의 이름처럼 내내 머릿속에서 맴돌았다. 알토파쇼에서 기차로 한 정거장, 약 10분 뒤에 드디어 토스카나 구간의 출발지로 정한 루카에 도착했다. 기가 막힌 날씨 덕분에 잠깐이나마 여행의 설렘이 다가왔는데, 무거운 배낭을 들쳐 메자마자 도망치듯이 사라졌다.

기차에서 내리자 여기저기서 토스카나 지방 사투리가 늘리기 시작했다. 목을 긁는 소리가 마치 독일어처럼 들렸다. 이탈리아는 피렌체와 주변 토스카나 지방에서 쓰던 말이 표준어로 굳어졌지만, 표준어보다 도시별 사투리를 더 많이 사용하는 편이다. 우리나라 제주도처럼 '시칠리아' 또는 '사르데냐' 섬의 사투리는 이탈리아 본토 사람들도 알아듣기 힘들 만큼 지방색이 강하다. 시칠리아를 여행하는 동안 내가 시칠리아 현지인에게 "이탈리아어를 할 줄 아세요?"라고 말도 안 되는 질문을 던졌을 정도였다. 외국인이 제주도 사람에게 "혹시 한국어를 할 줄 아세요?"라고 묻는 격이 아닌가.

내가 사는 베네치아 사투리는 입안에서 강하게 파열되는 음절을 거의 발음하지 않거나, 단어의 끝음절을 삼키는 표현이 많다. 말하는 것조차 귀찮아하는 게으른 사람들로 오해 할 정도였다. 단어 자체가 표준어와 전혀 다른 경우가 많아서 외국인인 나는 오가는 문장 속에서 뜻을 추리해내야만 했다. 이탈리아어 사전과 사투리 사전이 따로 출간되고, 가족이나 친구끼리는 거의 사투리만 사용한다고 해도 무방하다. 토스카나 지역은 알파벳 'C' 발음을 영어의 'H'로, 예를 들어 '코카콜라'를 '호(H) 하(H) 홀(H)라'로, '카푸치노'는 '하(H)푸치노' 라고 발음한다. 루카(하)에 도착한 기념으로 우리도 목을 긁어 가며 "운 카(하)페 페르 파보레(Un Caffe Pèr Favore, 커피 한 잔 주세요)"를 외쳤다. 내가 제법 이탈리아의 교양 있는 표준어를 구사하는 사람이 된 것처럼 어깨가 으쓱해졌다.

루카는 오페라 작곡가 푸치니(Puccini)의 고향으로 유명한 도시이다. 그의 작품 중에서 '토스카'와 '투란도트'는 이탈리아의 여름철 야외 오페라 시즌에 베르디(Verdi)의 작품과 더불어 가장 인기 있는 공연이다.

나는 푸치니의 오페라를 관람할 기회가 여러 번 있었다. 이탈리아인들이 푸치니를 얼마나 사랑하는지 매해 여름 현장에서 생생하게 느꼈다. 베로나 아레나에서는 '토스카'를, 로마의 카라칼라 욕장에서는 '투란도트'와 '라보엠'을 관람했다. 가장 저렴한 좌석이 10~20유로 정도로 부담 없는 가격이어서 여름철에는 영화관보다 오페라극장을 더 자주 찾곤 했다.

수백 년 된 원형 극장에서 마주하는 야외 오페라는 에메랄드빛 바다와 더불어 이탈리아의 여름이 기다려지는 가장 큰 이유이기도 했다. 뜨거운 한낮의 열기가 식은 여름밤 오페라 공연이 끝나면 새벽 2~3시쯤 되었다. 버스가 없어 집까지 터덜터덜 걸어가면서 흥분이 채 가시지 않아 '투란도트'에 나오는 아리아 네쑨 도르마(Nessun Dorma, 공주는 잠 못 이루고)의 가사를 따라부르던 날들이 생생하게 떠올랐다.

이탈리아 사람들은 '연예인 가십'이나 '돈'이야기보다 주로 문학과 예술, 음악에 관한 대화를 좋아한다. 덕분에 나도 어깨너머로 듣고 말하며 예술 분야에 관심을 가지게 되었다. 이탈리아 사람들은 우리나라 가요처럼 즐겨 부르는 아리아가 한두 개씩 있다. 그때의 나는 '네쑨 도르마'에 심취해 있었다. 푸치니의 고향을 마주하고 보니 현장에서 직접 듣는 아리아가 미치도록 그리워졌다. 마음껏 보고 듣고 감동하고 싶어 엉덩이가 들썩이기 시작했다.

16세기에 지어진 성벽 안으로 비밀스러운 문을 통과해 들어서자 눈앞에 중세 시대가 펼쳐졌다. 반전이 있는 도시였다. 온전하게 남아 위풍당당 도시를 지키고 있는 성벽은 외부의 시간과 소음을 차단한 듯한 느낌이었다. 맛있는 식당들이 많고 오페라의 도시답게 길거리 또는 극장에서 크고 작은 음악회가 열렸다. 매년 나폴레옹 광장에서 개최되는 '루카 썸머 페스티벌'은 유명한 음악인들이 대거 참석하는 축제이다. 7~8월에는 오페라 축제도 열린다. 인구 8만 명이 거주하는 작은 소도시지만 누릴 수 있는 문화생활이 다양하고, 북적북적한 피렌체, 로마 등 관광 도시와는 다르게 소박하며 고즈넉한 멋이 있었다.

우리 부부는 새로운 도시에 도착하면 제일 먼저 가장 높은 장소부터 찾는다. 이번에도 루카를 한눈에 내려다볼 수 있는 구이니지 탑(Torre Guinigi)에 올랐다. 멀리서 볼 때는 마치 사람 머리카락이 흩날리는 모습을 연상케 하던 탑이었는데, 실체는 약 45미터의 탑 꼭대기에 나무들이 빼곡한 이파리를 흔들며 서 있는 모습이었다. 삐걱대는 200여 개의 계단을 오르다 보니 숨이 턱 막혔다. 정상에 오르자 시원한 바람이 불어와 땀을 식혀주었다. 넋 놓고 루카의 모습을 한참 바라보았다. 눈앞에는 시계탑이 서 있고, 발밑에는 키 작은 건물들이 저마다 개성을 드러내고 있었다.

푸치니의 도시답게 골목에는 '토스카', '투란도트'와 같은 오페라 명칭의 레스토랑과 바가 줄지어 늘어서 있었다. 저녁이 되자 중세시대 분위기와 잘 어울리는 노란색 조명이 도시를 물들였다. 은은한 촛불 같은 조명으로 물든 루카의 따스한 저녁 분위기가 좋았다. 이탈리아는 수년 전부터 에너지 비용 절감을 이유로 LED 백색 전구로 교체 작업을 진행 중이다. 현대식 조명보다 노란 조명이 역시 이탈리아의 예스러운 분위기와 잘 어울린다는 의견에 깊이 동의한다.

비아 프란치제나 이탈리아의 45개 코스 중 루카를 출발지로 정한 이유는 도시 자체가 가진 매력도 있지만, 무엇보다 기차역이 있어 교통이 편리해서다. 루카 이후로 산 지미냐노, 시에나, 산 미니아토 같은 이탈리아의 아름다운 소도시를 걸어서 만날 수 있다는 점도 특별하게 다가왔다. 유네스코로 지정된 발 도르차(Val d'Orcia) 평원, 세계적인 와인 산지까지 아우르는 토스카나의 대표 능선도 마주할 수 있었다. 이미 몇 번이나 다녀온 도시도 있었지만 토스카나 능선을 두 다리로 걸어본 적은 단 한 번도 없었다. 물론 이렇게 아무런 준비 없이 시작된 여행도 처음이었다.

루카에 도착해서야 우리는 기차역 근처에 있는 여행자 센터에서 순례자 여권과 비아 프란치제나 토스카나 구간의 소개 책자를 구매했다. 거리는 얼마인지, 앞으로 걸을 길은 어떤 컨디션인지, 어떤 마을들을 만나는지 제대로 살펴보기 시작했다. '와! 고도 800미터, 500미터, 400미터의 마을이라니!' 그날그날 목적지가 되는 마을들은 멋진 뷰를 자랑하는 만큼 역시나 높은 고도에 자리 잡고 있었다.

루카는 결혼 전에도 후에도 몇 번이나 여행했던, 우리 부부가 애정하는 도시였다. 그러나 이번에는 그저 긴 여정의 출발지일 뿐이었다. 멋진 성당들과 잘 꾸며진 거리보다 '비아 프란치제나'라는 간판만 눈에 들어왔다. 이탈리아에서 7년을 살았어도 이탈리아에 성지 순례길이 있다는 사실조차 몰랐었다.

앞으로의 여정에 관해 로망이 가득 들어찬 이야기를 나누며 우리는 최후의 만찬을 즐겼다. 얼마 만에 가져보는 긍정적이고 건설적인 부부의 대화였던가. 천천히 가는 한이 있어도 절대 중간에 포기하지 말자며 결의를 다졌다.

걱정에서 기대와 안도로 물든 첫날밤이었다. 어제 못 잔 잠을 몰아서 자려고 맥주 두 잔을 연달아 들이켰다. 앞으로의 여정을 그리고 우리를 위하여 건배! 이번 순례길 여정을 통해 내가 몰랐던, 실로 다양한 이탈리아를 경험할 수 있겠구나 싶었다. 무엇보다 옆에는 함께 걸어줄 남편이 있었다.

"우리 잘 할 수 있겠지?"
"당연하지! 오빠가 옆에 있잖아."

내일 당장 어떤 일이 벌어질 줄도 모르고 당당하게 대답하는 남편. 무지에서 비롯된 용기가 이번에도 우리를 새로운 세상으로 인도해 주기를, 스스로가 순례자가 되어 삶을 돌아보고, 삶에 얽매여 있는 질문과 마주할 수 있기를 바랐다.

순례길 출발

순례자 여권

구이니지 탑에서 바라본 루카

day2 과유불급의 진리

나의 무릎과 남편의 사타구니가 사이좋게 망가졌다. 스틱을 사용할 줄 모르는 초보 순례자였던 우리는 겁도 없이 첫날부터 목표치의 곱절을 걷는 실수를 했다. 그날의 과욕으로 인한 후유증은 오래 갔다. 걷는 것쯤은 아무것도 아니라며 큰소리 뻥뻥 치던 남편은 푸체키오에 도착하자 거의 울먹이 다시피 했다. 심지어 사타구니가 쓸려 도저히 못 걷겠다며 두손 두발을 들었다. 안 그래도 여름에 는 몸에 걸치고 있는 모든 것을 벗어 던지고픈 충동이 일 정도로 더위에 취약한 사람인데, 종일 걷기까지 했으니 오죽 힘이 들었을까. 내가 제시한 해결책은 옷을 벗어 던질 수는 없으니 팬티를 벗어 던지라는 것이었다. 고백하건대, 우리는 순례의 셋째 날부터 끝날 때까지 팬티를 입지 않고 순례길을 걸었다. 속옷에서 자유로워지자 짐 무게가 1킬로그램 이상 줄어든 것 같은 홀가분함과 더불어 진정한 자유인이 된 것만 같았다.

루카-알토파쇼
19킬로미터

우리가 걷고자 했던 비아 프란치제나 토스카나 구간은 28번부터 36번 코스까지 총 220킬로미터 거리였다. 9일에 걸쳐 하루 평균 25킬로미터를 걷는 계획이었다. 가장 짧은 구간은 13킬로미터, 가장 긴 구간은 31킬로미터로 각자 컨디션에 맞게 루트를 구성할 수 있다. 걷다 보니 공식 안내서를 따르는 것이 가장 합리적인 방법이라는 것을 깨달았다.

당초 계획은 분명 몸풀기처럼 가볍게 19킬로미터를 걸어 알토파쇼까지 가는 일정이었다. 다행히 구름이 잔뜩 낀 날씨라 걷기 수월하겠구나 싶었다. 떠나기 전 루카 두오모 앞에서 앞으로 우리의 길을 잘 보살펴 주십사, 하고 하늘에 계신 모든 신들의 이름을 나열하며 기도했다. 500밀리리터 생수 네 병의 무게가 더해져 가방은 더 무겁게 느껴졌지만, 늘 그렇듯 기도를 하면 내 기도를 들은 누군가가 나를 지켜줄 것만 같아 마음이 훨씬 가벼워졌다.

구시가지를 빠져나가자 깨끗하게 포장되어있는 아스팔트 도로 양옆으로 논밭이 나타났다. 예쁜 마당을 갖춘 집들이 열 맞춰 서 있었다. 토스카나 하면 떠오르는 길쭉한 사이프러스 나무가 없어 다소 실망했는데, 처음 만나는 신기한 작물들을 구경하는 재미가 쏠쏠했다. 특히 내가 좋아하는 카르초피(Carciofi, 아티초크라고도 부름)와 보라색 꽃이 너무 귀여워서 한참을 들여다보며 서 있었다.

카르초피는 지중해 연안에서 자라는 식물로 유럽에서는 '서양의 불로초'라고 불릴 정도로 영양소가 풍부한 야채이다. 꽃봉오리처럼 탐스럽게 생긴 모양과는 달리 오므리고 있는 입구가 가시 돋친 듯 날카로워서 한동안 먹어 볼 엄두도 못 냈다. 그러던 어느 날 우연히 카르초피 튀김 요리를 맛본 이후 이탈리아 음식 중 최고로 손꼽을 만큼 사랑에 빠져 버렸다. 둥근 것, 길쭉한 것, 손가락 두 마디 정도로 작은 것 등 종류도 다양하고 조리법도 다양하다. 예전에는 봄철에 주로 많이 먹었는데 요즘은 1년 내내 쉽게 구할 수 있다. 올리브유, 식초 등에 절인 것은 우리나라의 김치처럼 식탁에 자주 오르는 이탈리아의 대표적인 반찬이다. 다만 손질이 번거로워서 깨끗하게 손질된 것 또는 냉동으로 구매하는 편이다.

구워서, 찜으로, 튀겨서, 피자 위 토핑으로 다양한 요리법으로 늘 먹기만 했지, 이렇게 땅에 뿌리를 내리고 살아 있는 모습은 처음 보았다. 너도 이렇게 있는 힘껏 어여쁜 꽃을 피워내는구나. 그리고 꽉 찬 열매를 내어주었구나. 살랑살랑 긴 목을 흔들며 인사를 건네는 들꽃들 보다 괜시 노트게 카르조피 꽃에 더 눈길이 갔다. 매번 먹을 때마다 알맹이만 크고 정작 먹을 것은 없다고 볼멘소리하던 나였는데, 이제 카르초피를 보면 순례길이 제일 먼저 떠오를 것 같다.

도심을 빠져나오면서 혹시 길을 잘못 들면 어쩌나 하는 걱정이 앞섰다. 다행히 공식 표지판이 눈에 띄게 설치되어 있어서 지도나 애플리케이션이 필요 없을 정도였다. 나 같은 길치에게 성지 순례길은 맹목적으로 걷기만 하면 된다는 것이 가장 큰 장점으로 다가올 정도였다. 100~200미터마다 나타나는 화살표만 따라가면 길을 잃을 염려가 전혀 없다는 안도감을 느낀 때문일까. 파트너 없이 혼자 걷는 비아 프란치제나 순례길을 생생하게 꿈꿔보기도 했다.

이른 아침부터 동네 사람들은 우리의 배낭을 보고 "부온 깜미노(Buon Cammino, 좋은 여정 되세요)"라고 인사를 건네며 환하게 웃어주었다. 따뜻한 사람들의 응원과 평지였던 덕분에 아침 7시에 출발해서 점심시간 무렵 이미 첫 번째 목적지인 알토파쇼에 도착했다.

"뭐야, 가뿐하잖아?"

19킬로미터를 반나절 만에 걸은 것이다. 그때까지 우리는 정말로 자신만만했다. 어디까지, 얼마나 걸을 수 있을지 전혀 감이 없어서 그날 묵을 숙소도 예약하지 않고 있던 참이었다.

다 쓰러져 가는 기차역 주변에는 다양한 인종의 사람들이 무섭게 진을 치고 있었다. 우리는 괜한 표적이 될까 싶어 두 눈을 땅으로 떨구고 빠른 걸음으로 걸었다. 마을은 황량했고 성당뿐만 아니라 많은 상점이 닫혀 있었다. 맛집이라고 할 것도 없이 눈앞에 보이는 식당에서 허겁

지겹 허기를 채웠다. 어디에서 순례자 도장을 찍을 수 있을지 몰라, 순례길의 첫 번째 목적지였던 알토파쇼에서는 결국 도장을 받지 못했다.

마을을 한 바퀴 돌면서 더 나아갈 것인지 여기서 멈출 것인지를 고민했다. 그때만 해도 에너지가 넘쳤기 때문에 조금 더 걸어보기로 했다. 책자와 공식 홈페이지에 구간별로 순례자를 위한 숙소와 난이도가 잘 표시되어 있었음에도 욕심을 부렸다. 무섭게 가라앉는 회색빛 하늘이 무언의 경고를 하는 듯했지만, 초보 순례자의 열정을 막지는 못했다.

카르초피 꽃

마을을 벗어나자 인적이 드문 흙길이 등장했다. 여전히 순례자길 표시도 자주 나타났다. 갈색 알루미늄 표지판과 노란색 순례자 그림, 바닥에 'VF' 표시가 있는 표지석. 인적이 드물거나 풀이 우거진 지역에서도 드러나는 존재감이 얼마나 빛나던지. 내가 순례자가 아니었다면 내 눈에 전혀 띄지 않았을 텐데 걷는 동안 순례자 표시가 유난히 도드라져 보였다.

어쩌면 나는 삶을 대할 때도 보고 싶은 것만 보면서 스스로 시야를 좁혀 왔던 것이 아닐까 하는 생각이 들었다. 돌이켜 보면 한정된 알고리즘에서 벗어나 영역을 확장하는데도 걷기는 분명 큰 도움이 됐다.

세계는 점점 편리해지고, 삶의 모든 부분에서 알고리즘의 도움을 받으며 산다. 알고리즘이 보여주고 정해주는 책을 읽고, 영상을 보고, 기사를 읽는다. 아주 천천히 치밀하게 길들여진 인간이 되어가고 있는 것은 아닐까. 한 권의 책만 읽은 사람이 가장 무섭다고 한다. 알고리즘에 잠식되지 말고 깨어있어야지. 걸으면서 나는 세상을 최대한 날것으로 느끼고 거침없이 받아들이고 싶어 가능한 한 모든 감각을 열어 놓으려고 애썼다.

한참 동안 흙길을 걷다가 거대한 숲을 두 번 지났다. 숲속으로 진입하기 전까지만 해도 순례자가 된 기분을 최대한 만끽하고 있었다. 그리고… 되돌아갈 수 없는 지점에 도착한 뒤에야 알았다. 루카에서 39킬로미터 지점인 푸체키오(Fucecchio)까지, 숙소가 단 하나도 없다는 사실을.

"오늘 하루 동안 39킬로미터를 걸어야 한다고?"
"……"

남편도 당황스럽기는 마찬가지였다. 되돌아가기에는 늦었고, 그렇다고 순례 첫날부터 버스를 탈 수도 없는 노릇이었다. 길에서 잘 수도 없으니 유일한 방법은 오직 걷는 것. 현실을 직시하고 오후 세 시가 넘어서야 그날 묵을 숙소를 알아봤다. 코로나 상황으로 대부분 숙소가 문을 닫았다. 작은 마을에 있는 거의 유일한 호텔이었기 때문에 다른 선택권이 없었다. 그마저도 놓치게 될까 봐 그제야 마음이 조급해졌다. 그때 우리는 속이 다 터진 만두처럼 널브러져 있었다. 앞으로 남은 10킬로미터를 걸을 수 있을지 불확실했지만, 다른 결론이란 있을 수가 없었다. 버스도 택시도 심지어는 걷는 사람조차 없는 거대한 숲속이었으니.

상쾌하던 숲이 습하고 불쾌하게 느껴지기 시작했다. 하늘을 뒤덮은 거대한 나무 때문에 짙은 어둠이 깔렸다. 불안과 두려움이 저절로 엄습해왔다. 마치 세상에 우리 둘밖에 없는 것처럼 무서웠다. 빨리 이 숲을 빠져나가고만 싶었다. 정신이 몽롱할 정도로 힘들어지자 자연마저 그 어떤 위로도 주지 못했다. 기록 중독자인 우리 부부가 사진도 영상도 그 어떤 것으로도 기록하고 싶지 않을 만큼 아찔한 순간이었다. 인터넷도 먹통이어서 우리의 위치조차 가늠할 수 없었다.

겨우 숲을 빠져나와 작은 마을에 들어섰지만, 여전히 버스도 택시도 보이지 않았다. 그때 반대편에서 여자 순례자 네 명이 걸어오는 모습이 보였다. 그녀들의 표정도 만만치 않아 보였다. 저마다 서로를 안쓰러운 눈빛으로 바라보며 지나갈 뿐, 다들 소리 내어 인사할 힘조차 상실한 상태였다. 그렇게 겨우 하나의 숲을 통과했다. 두 번째 숲은 어떻게 지나왔는지 기억조차 나지 않는다. 만신창이가 된 새 가방과 새 바지가 드러누웠다가 다시 일어나기를 반복했다는 걸 증명할 뿐이었다.

두 번째 숲을 통과하자 차도가 보이면서 드디어 '푸체키오'라는 표지판이 나타났다. 구글 지도에서는 숙소까지 2킬로미터 에둘러 가는 길을 알려주었다. 정말이지, 나는 단 100미터도 더 걸을 힘이 없었다. 조금이라도 거리를 줄이기 위해 자동차가 쌩쌩 달리는 좁은 2차선 도로를 선택했다. 옆으로 거대한 트럭이 질주하듯 내달렸고, 빽빽하게 늘어서 있는 가로수길 뒤로 넘어가는 붉은 해가 우리를 바라보고 있었다. 순례길에서 만난 첫 일몰이었다.

'죽도록 힘들다. 포기하고 싶다.' 떨어지는 해를 오른쪽에 두고 걸으면서 내 마음을 숨기지 않고 고백했다. 앞으로 매일 같은 시간 마주하게 될 붉은 기운 앞에서만큼은 솔직하고 싶었다.

위험천만한 도로였지만 마치 우리를 지켜주는 듯한 붉은 해의 보호 속에서 겨우 숙소에 도착했다. 도로 옆에 덩그러니, 난데없이 '호텔'이라는 이름을 달고 나타난 직사각형의 회색 건물이었다. 묵는 사람들이 제법 있어 보여 그나마 안심이 되었다. "살았다!" 가방을 내려놓자마자 외마디 비명이 터져 나왔다. "여보 수고했어." 서로를 꼭 껴안았다. 저녁 9시가 다 된 시각이었다. 꼬박 13시간을 넘게 걸은 것이었다.

아무것도 삼키고 싶지 않을 만큼 힘든 밤이었다. 그래도 먹어야 했다. 무거운 다리를 겨우 이끌고 숙소 1층에 있는 식당으로 향했다. 가장 그럴싸해 보이는 포르치니(Porcini) 버섯 파스타를 주문했다. 포르치니 버섯은 그 자체로 향이 강해서 다른 재료 없이 올리브유, 마늘, 소금만으로 소스를 만든다. 특별한 재료를 첨가하지 않는, 기본에 충실한 정통 이탈리아식 파스타이다.

식사는 좋았는데, 잠자리가 전혀 만족스럽지 않다. 청소를 제대로 하지 않았는지 머리카락이 바닥에 흩어져 있고, 구석구석 거미줄이 엉켜 있었다. 엄지발가락에 힘을 주고 검은 곰팡이가 핀 화장실을 살금살금, 닿는 면적을 최소화하며 걸었다. 다시는 떠올리고 싶지 않은 위생 상태에다가 저녁 늦게까지 음악 소리로 시끄러웠지만, 맛있는 파스타 한 접시에 모든 것이 용서되었다. 무엇보다 이 숙소마저 없었다면, 진짜로 포기해야 할 순간에 부닥쳤을지도 모르기에 감사한 마음도 있었다. 아이고 다리야, 허리야, 무릎아, 발바닥아… 우리는 앓는 소리를 하다가 그 모습이 우스워 키득키득 웃다가 이내 곯아떨어졌다.

그때를 생각하면 조금 슬프다. 욕심을 버리고 길 위에서 위로 받기 위해 떠났던 여행에서 지나온 길을 기억하고 싶지 않을 만큼 끔찍하게 여겼었다는 것이 부끄럽다. 과유불급, 지나침은 모자란 것만 못하다. 걸을 수 있는 만큼만 전진할 것, 한 치 앞도 내다보지 못하고 걸어온 길에 대한 결과를 감내할 것. 절제는 인생에서와 마찬가지로 내가 풀어야 할 길 위의 숙제인 것만 같았다.

푸체키오 표지판

모든 것이 용서되었던 포르치니 파스타

day3 오르막길의 끝엔 결국 내리막길이 있다

눈을 감고 미세한 움직임만으로 내 몸 상태를 가늠해 보았다. 무릎, 발목, 허리, 종아리, 허벅지. 어디 하나 쑤시지 않은 곳이 없었다. 39킬로미터를 걸은 여파가 꽤 오래 지속될 것 같았다. 걷는 행위는, 아니 몸은 이토록 정직했다. 아픈데 건강한 척, 슬픈데 기쁜 척을 하지 않는다. 오로지 연습을 통해서 깨닫고, 단련되고, 결국 성실함의 열매를 맺는다. 마음을 보살피는 것만큼 몸을 보살피는 일도 중요했다. 길어지는 코로나 상황으로 잔뜩 웅크려 있던 몸과 마음을 일으켜 세우기에, 걷기는 가장 어려우면서도 간단했고, 탁월한 선택이었다.

나부터 눈을 떴다. 남편은 아직도 신 나게 코를 골고 있었다. 기특하게 도 이 우렁찬 소리에 한 번도 깨지 않고 단잠을 잤다. 어서 일어나 걸을 준비를 해야 할 텐데. 낯선 공간에서 눈만 끔뻑이고 있을 뿐, 남편을 깨 울 엄두도 내 몸을 일으켜 세울 용기도 나지 않았다. 남편의 코 고는 소 리가 이토록 달콤하게 들린 적은 처음이었다. 제발 그가 깨어나지 않기 를 바랐다. 그러나 이내 정적이 깨지고 그의 또렷한 목소리가 들려왔다.

"오늘은 9킬로미터만 걷자. 지금 당장 출발하자!"

마치 꿈속에서 대사 연습이라도 한 듯이 명확했다. 어젯밤 내가 단잠 에 빠져있는 동안 남편은 오늘의 동선과 중간 마을, 묵을 숙소까지 미 리 파악해둔 거였다. 씻지도 먹지도 않은 채 눈을 비비며 얼결에 그를 따라나섰다. 몸 상태를 유심히 살피다 보면 핑곗거리만 늘어날 뿐이니 일단 움직이고 보자는 심정이었다. 그의 명령조에 가까운 말투와 추진

력 덕분에 주저앉고 싶은 순간마다 떠밀리듯 몸을 일으켜 끝까지 걸을 수 있었다. 원래 일정대로라면 29번 코스는 알토파쇼에서 산 미니아토 (San Miniato)까지 30킬로미터의 여정이다. 그러나 어제 죽을힘을 다해 걸은 덕분에 오늘은 산 미니아토까지 남은 9킬로미터만 걸으면 되었다.

우리가 머문 푸체키오 마을은 비아 프란치제나를 걷는 순례자뿐만 아니라 로메아 스트라타(Romea Strata)를 걷는 순례자에게도 로마로 가기 위한 중요한 거점이었다. 로메아 스트라타는 에스토니아의 탈린에서 출발해 라트비아, 리투아니아, 폴란드, 체코, 오스트리아, 알프스를 관통하여 이탈리아 로마에 이르는 유럽의 오래된 순례길이다. '순례자'라고 불리는 우리 모두가 푸체키오를 거쳐 로마로 향한다. 푸체키오는 순례길의 거점일 뿐만 아니라 유명한 마라톤 대회, 자전거 대회의 루트일 만큼 중요한 교차로 역할을 했다. 예전에는 중요한 상업의 길이기도 했다. 하지만 기차역이나 제대로 된 숙박 시설이 갖춰져 있지 않아서 관광객들은 구태여 찾아오지 않을 듯했다.

순례길을 걸으면서 만나는 마을들은 내가 감히 이 나라를 안다고 말하기 부끄럽다고 느껴질 정도로 지명조차 낯선 경우가 많았다. 이탈리아 최대 내륙 습지이자 순례자들의 거점인 푸체키오도 마찬가지였다. 순례자가 아니었다면 과연 내가 이곳을 여행자로서 마주할 기회가 있었을까? 앞으로 거쳐 갈 낯선 소도시들이 몹시 궁금해졌다.

숙소에서 나와 1.5킬로미터를 걸어가자 구시가지가 나타났다. 비토리오 베네토 광장(Piazza Vittorio Veneto)에 도착해 아침을 먹으면서 오가는 사람을 구경했다. 어렸을 적 우리 시골 동네처럼 마을 곳곳에 배치된 스피커에서 경쾌한 아침 방송이 흘러나오고, 광장에는 알록달록한 꽃장식이 한창이었다. 알고 보니 6월 6일은 '인피오라타(Infiorata)'라고 불리는 꽃축제가 열리는 날이었다. 매년 5월 중순에서 6월 중순 사이 가톨릭의 성체 성혈 대축일을 전후로 사나흘간 개최되는 인피오라타는 1778년에 시작되어 지금까지 약 2백 년 이상을 이어온 축제이다. 이 시기가 되면 사람들은 거리에 모여서 바닥에 꽃잎으로 그림을 그리고 꽃길을 만들면서 축제를 즐긴다. 시칠리아섬의 노토(Noto)와 움브리아 주의 스펠로(Spello), 베네토 주의 노알레(Noale), 라치오 주의 젠자노(Genzano)가 인피오라타로 유명한 도시들이다. 바람에 꽃잎이 날려 그림이 망가지기 쉽기 때문에 날씨의 영향을 많이 받는 축제인데, 그날은 마침 고요했다.

본격적인 행사는 오후부터 시작된다고 해서 축제를 보는 것은 포기하고 약국에 들렀다. 글쎄 아무리 초보 순례자라지만 어떻게 밴드나 선크림 하나 챙겨올 생각을 못 했을까. 남들은 걸으면서 필요 없는 짐을 비우게 된다는데 우리는 하나씩 사 모으다 보니 되려 짐이 늘어났다.

아침을 먹으면서 다시금 군데군데 쑤시지 않은 곳이 없다는 것을 깨달았지만 걷기에는 무리가 없었다. 무거운 다리는 며칠만 지나면 근육이 붙어 걷기 훨씬 수월해질 것이다. 무엇보다 오늘 여정은 9킬로미터라는 비교적 짧은 거리라는 게 생각보다 큰 위안이 되었다. 내 몸이 힘들어지자 자연이 아무런 위로가 되지 않았다는 사실을 깨달았던 어제,

조금 슬펐기 때문이다.

푸체키오 인피오라타 축제

푸체키오 마을을 벗어나자 흐드러진 야생화가 피어 있는 시골길 풍경이 나타났다. 그 사이에 사이프러스 나무가 듬성듬성 모습을 드러냈다. 나는 그제야 제대로 된 토스카나를 만난 듯 온전한 감탄사를 내뱉을 수 있었다. 토스카나 하면 가장 먼저 떠오르는 풍경은 영화 〈글래디에이터〉에서 주인공 막시무스의 고향으로 등장하는 구릉지대와 사이프러스 나무의 모습이다. 사이프러스 나무는 일반적인 소나무와는 달리 길쭉하게 뻗은 모습이 청순가련한 여자 같았다. 한 그루만 따로 떨어져 있어도 분위기가 오묘하고, 길게 늘어서 있으면 마치 베드로 광장의 열주를 연상케 할 만큼 경건하기도 했다.

온트라이노(Ontraino) 마을까지 걷는 내내 밀밭과 사이프러스 나무 사이를 명랑하게 걸었다. 몇 가구 살지 않는 마을의 유일한 작은 구멍가게에서 에너지 음료를 마시며 운동화에서 발을 꺼내놓고 한참을 쉬었다. 백발의 주인 할머니는 우리네 욕쟁이 할머니처럼 퉁명스러우면서도 지긋이 건네는 말투에서 사랑이 묻어났다. 우리가 쉬는 동안 자전거 순례자 한 무리가 인사를 건네며 지나갔다. 그들의 여유로운 표정과 몸짓에 괜히 경쟁심이 불타올라 엉덩이를 의자에서 떼어냈지만, 몸을 일으켜 세우기가 무섭게 다시 궁둥이를 붙이고 싶은 마음이 간절해졌다. 다행히 산 미니아토 마을의 초입까지 길은 평탄했고, 평온한 풍경이 지속됐다. 이대로라면 온종일도 걸을 수 있겠다며 콧노래를 부르려던 순간, 드디어 길에서 처음으로 순례자를 만났다.

도시에서, 아니 코로나 상황에서 잠시 벗어나 오롯이 대자연을 누리기 위해 떠나온 길이었지만 순례길에서 동지를 만나지 못해 퍽 외롭던 참이었다. 아마 그녀도 마찬가지였을 것이다. 반가운 인사를 나눈 뒤 그녀는 우리보다 빠른 걸음으로 앞질러 걸어갔는데, 이후 이틀을 연달아 마주쳤다. 감바씨 떼르메(Gambassi Terme)에서는 같은 숙소에 머물며 긴 시간 이야기를 나눌 기회도 있었다.

큰 키에 갈색 머리카락을 질끈 묶은 그녀의 이름은 스베아. 독일 사람이며 스위스 은행에서 근무한단다. 그녀는 코로나로 1년 가까이 재택근무를 하는 동안 집이라는 한정된 공간을 벗어나 하염없이 걷고 싶어졌다고 했다. 첫인상에서부터 강단 있고 뚝 부러지는 그녀가 마음에 들었다. 대화가 잘 통하는 친구가 될 수 있을 것 같은 기대에 부풀었다. 그날 용기를 내서 전화번호를 물었어야 했는데. 어떻게든 만날 사람은 만나게 된다는 순례길의 마법이 나에게도 일어나길 바랐다.

산 미니아토 가는 길

논밭을 끊임없이 걷다 보니 '낮다(Basso)'라는 뜻을 가진 산 미니아토 바쏘(San Miniato Basso)마을의 표지판과 함께 주거 지역이 나타났다. 지도상으로는 산 미니아토 바쏘 마을부터 우리의 목적지인 산 미니아토 알토(Alto)까지 오르막길이 이어질 예정이어서 마침 조금 쉬어가고 싶던 참이었다. 잠시 앉을 곳이 없을까 살피던 중 순례자들이 쉴 수 있는 공간과 시원한 물, 간식까지 제공하는 간이 휴게소를 발견했다. 자원봉사자들이 순례객을 위해 매일 물과 간식을 채워주는 곳이었다. 직접 감사를 전하고 싶어 두리번거렸지만, 비상 연락처만 있을 뿐 사람은 나타나지 않았다.

방명록에 다녀간 흔적을 남기면서 가슴이 조금 뭉클해졌다. 불특정 다수를 위해 아무런 대가를 바라지 않고 선의를 베푸는 마음이 고마워 발걸음이 떨어지지 않았다.

코로나 시대에 직업을 잃었다고, 타인을 돌아볼 여유도 없이 아등바등했던 내 모습이 떠올랐다. 최소한 받는 만큼은 나누는 사람이 되자고 수없이 다짐했지만, 내가 쥐고 있는 것을 나누는 일은 절대 쉽지 않았다. 순례길에서도 나는 받는 사람이 되었구나. 그저 묵묵히 걷는 사람으로서 최선을 다하는 것이 그들이 베푼 선의에 대한 보답일 것이라는 생각이 들었다.

번화한 마을을 지나자, 말 그대로 극한의 오르막길이 이어졌다. 내 시야보다 한참 위에 있는 목적지가 손을 뻗어도 도저히 잡히지 않을 듯 신기루처럼 아른거렸다. 허벅지에는 불이 났고, 땀은 비 오듯이 흘러내렸다. 도로를 쌩쌩 달리는 자동차가 얄미워 멈춰서서 노려보다가, 최대한 불쌍한 표정을 지으며 태워달라고 애원할까 고민하기를 반복했다. "거의 다 와 가, 조금만 더, 조금만 더…." 남편의 구호가 아무런 위로가 되지 않을 때쯤 드디어 목적지에 도착했다.

첫날의 40킬로미터에 비하면 짧은 거리라고 쉽게 생각했는데, 우리가 걷는 길에는 매일 색다른 어려움이 존재했다. 포기하고 싶은 순간도 매일 찾아왔다. 다만 위로가 되었던 것은 오르막길을 오르다 보면 눈앞에는 목적지가 있고, 그 끝엔 결국 내리막길이 있다는 것. 길이 나에게 주는 인생의 신호 같았다.

여기가 밑바닥이 아닐까. 끝없이 추락하다 보면 결국에는 오르막길이 나왔고, 이보다 더 행복할 수 있을까 싶던 극한의 행복 뒤에는 늘 내리막길이 존재했다. 행복과 불행은 차고 넘치지 않게 정량의 법칙처럼 내 삶을 저울질해 왔다. 오르막길과 내리막길. 이번에는 길이 나에게 정량의 법칙을 정확히 제시해주고 있었다. 오르막길이 벅차게 힘들어도 포기하지 않았던 것도, 내리막길이 발을 동동 구를 만큼 기쁘지만은 않았던 것도 그날의 깨달음 덕분이었다.

산 미니아토 마을은 마침 주말 맞이 골동품 시장이 열리고 있었다. 탐나는 물건들이 많았지만, 순례자인 나에게 생존에 필요하지 않은 유형의 물건은 모두 짐이었다. 가지고 싶은 것을 가지지 못한다는 사실에 분통이 터지거나 아쉽지 않았다. 순례길을 걸은 이후 정말 물건에 대한 집착이 사라졌다. 하루에 한 가지씩 필요 없는 물건을 버리는 용기는 물론이고, 더 나아가 사지 않는 것에서 충만한 행복을 느끼게 되었다. 걷는 여행이 단출한 삶의 쾌적함과 필요와 욕구를 구분하는 능력을 일깨워 준 것이다.

생각보다 많은 관광객이 각자 자리를 잡고 앉아 우리가 힘들게 기어 올라온 토스카나 평원을 하염없이 바라보고 있었다. 커플들은 주변의 시선을 전혀 신경 쓰지 않고 엉켜서 뜨거운 키스를 나누었고, 누군가는 필름 카메라로 사람들의 모습과 풍경을 번갈아 담아냈다. 강아지들은 신이 나서 왕왕 짖다가, 오줌을 갈기다가, 자기 몸집보다 더 큰 개가 다가오면 주인 뒤로 숨었다. 자연과 어우러진 인간과 동물의 모습을 내 카메라로도 정성스럽게 담아 보았다. 자신이 얼마나 아름다운지 아는 사람들처럼 자연스러웠고, 배경과도 잘 어우러졌다.

'적당히' 황홀한 풍경을 한참 음미하다가 페데리코 타워(Torre di Federico II)에 올랐다. 탑 꼭대기까지 올라가지 않아도 요새에 서자, 피렌체(Firenze)와 피사(Pisa) 사이에 전략적 요충지의 역할을 했던 산 미니아토 마을이 한눈에 내려다보였다. 주황색 지붕들이 머리를 맞대고 늘어선 모습이 마치 길쭉한 물고기 모양을 연상케 했다. 어쩐지 하강 직전의 비행기에서 바라보던 주홍빛 베네치아의 모습과도 닮은 듯했다. 이번에는 '적당히'가 아니라 아주 황홀하다고 생각하고 있는데 우리에 뒤이어 도착한 부부가 헉헉 숨찬 소리를 내다가 같은 풍경을 보고 외마디 감탄사를 쏟아냈다. 어떤 장황한 설명보다 사실적이면서 절제된 표현이었다.

토스카나라는 하나의 지역이 마치 다른 나라인 양 도시마다 색다른 매력을 뿜어내는 것이 놀라울 따름이었다. 멍하니 토스카나의 목가적인 풍경을 바라보는 동안 직업 정신이 투철한 남편은 후들거리는 다리를 절뚝거리며 37미터 높이의 페데리코 타워 꼭대기에 올랐다. 내가 보는 풍경보다 더 넓은 시야에서 보이는 커다란 물고기 모양의 사진을 나에게 보내고는 퍽 감동했다는 듯 이모티콘을 보내왔다. 나는 전혀 동감할 수 없다는 표정을 보냈다. 더 높은 곳, 제일 높은 곳에 오르지 않아도 충분히 벅찬 풍경을 마주하고 있었으니까.

마을로 내려와 이른 저녁으로 세상에서 가장 맛있는 트러플 파스타를 한 접시씩 먹어 치웠다. 산 미니아토 마을은 세계 3대 진미라 불리는 트러플 생산지로 유명해서 꼭 가보자고 미리 점찍어둔 식당이 있었다. 신선한 달걀노른자로 반죽한 생면에 소금과 트러플 버터로만 풍미를 더 하고 그 위에 생 트러플을 듬뿍 갈아 얹어 나오는 정갈한 음식. 산지이기에 가능한 가격과 맛이었다. 이탈리아에서는 알바(Alba)지역에서 생산되는 화이트 트러플을 최상품으로 취급하지만, 향에 민감하지 않은 우리는 그저 트러플이라는 이름만으로도 눈빛이 반짝였다. 남편은 20여일 일정을 통틀어 그날 먹었던 트러플 파스타가 최고였다고 회상했다. 언제가 가장 힘들었냐는 물음에는 매일 답이 바뀌었지만, 음식만큼은 한결같이 이날의 트러플 파스타를 꼽는걸 보면 퍽 진심이지 싶다.

식사를 마치고 일찌감치 숙소로 돌아왔다. 힘들게 오르막을 올라온 만큼 멋진 뷰가 펼쳐져 있는 창가에서 붉은 햇살이 저무는 내일의 내리막길을 한참 바라보았다. 그래, 내일은 내리막길이다! 붉은 의지가 활활 타올랐다.

순례자 쉼터

최고로 맛있었던 산 미니아토 트러플 파스타

day4 물에서 해방

간밤에 널어둔 빨래가 제대로 마르지 않아 쿰쿰한 냄새가 났다. 아무렇지 않게 몸에 걸치고 익숙한 듯 짐을 쌌다. 어차피 몇 시간만 걸으면 땀에 흠뻑 젖어서 아침 샤워가 무의미했다. 다리에는 제법 힘이 붙은 듯했으나, 작열하는 태양에 그대로 노출된 팔이 후끈거리기 시작했다. 다홍빛으로 붉게 타올라서 샤워할 때도, 배낭을 메고 벗을 때도 따가워 호들갑을 떨었다. 일광 화상을 입은 거였다. 걸으면서 여러 가지 어려움을 겪었지만, 특히 태양과 물은 단짝처럼 붙어서 고통에서 시작하는 다양한 감정을 자아냈다. 화가 났다가, 해사한 얼굴을 내미는 태양에 금세 녹아버리기도 하고, 마실 물이 없는 극한의 상황에서는 오랫동안 지켜왔던 신념을 깨부수기도 했다.

산 미니아토-감바씨 떼르메
24킬로미터

창밖 풍경을 내다보고 싶어 일찍 눈이 떠졌다. 작은 창문 밖으로 펼쳐진 풍경은 붉은색이었다가 검은 밤에는 별빛으로 반짝였다. 새벽녘에는 짙푸른 하늘에 회색 달이 빛났다. 억지로 쫓지 않아도 한나절 만에 이렇게 다양한 모습을 볼 수 있는데, 나는 왜 항상 새로운 곳을 찾아 헤매고 있었을까.

이탈리아에서의 생활은 꽤 만족스러운 편이었으나 체류가 길어질수록 모든 환경이 일상처럼 익숙해졌다. 삶이 느슨해졌다는 생각이 들 때면 나는 발전 없이 멈춰있는 것만 같은 조바심이 생기고는 했다. 변화가 필요했고 긴장감을 부여하기 위해 이탈리아에서 보낸 일곱 해 동안 무려 다섯 번의 이사를 감행했다. 30대가 된 이후 한때는 안정적인 삶을 꿈꿨던 적도 있었지만, 또 한 번의 이사를 준비하고 있는 나를 보면서 알았다. 나는 움직여야만 살아있음을 느끼는 사람이라는 것을.

장소에 변화를 줌으로써 활기를 되찾는 것은 여행이 주는 가장 대표적인 선물이기도 했다. 새로운 장소에 가면 새로운 일이 생겼고, 그 경험은 다양한 자극을 선사해 주었다. 내 집에서 바라보는 자연의 변화에 감동하기는 힘들지만, 여행에서 마주하는 일상은 언제나 경이로웠다.

이른 아침, 토스카나의 물안개 속을 걷다 보니 칼렌자노(Calenzano)라는 마을이 나타났다. 이곳에는 30번 코스의 유일한 커피숍 바 쟌노니(Bar Giannoni)가 있었다. 우리가 도착한 아침 6시 30분쯤에는 문이 굳게 닫혀 있었지만 아쉬움은 없었다. 그때까지만 해도 그곳이 30번 코스의 유일한 커피숍인 줄 몰랐기 때문이다. 가벼운 마음으로 인적이 드문 마을을 지나고, 갈색 화살표를 따라 토스카나의 구릉지로 진입했다.

어라? 분위기가 심상치 않았다. 그냥 이대로 능선을 따라 쭉 목적지까지 갈 것 같은데…?

물안개 낀 산 미니아토

토스카나의 석회질 가득한 비포장도로 '라 스트라다 비앙카(La Strada Bianca, 하얀색 도로)'를 따라 계속 걸었다. 겨우 사람 하나 지나갈 정도의 폭만 허용되는 길이었다. 보이는 것이라고는 드넓은 밀밭과 드문드문 뿌리를 내린 초록색 나무가 전부였다. 걸음을 옮길 때마다 가벼운 흙먼지가 풀썩풀썩 날리면서 바짓단이 하얗게 변했다. 아마 내 얼굴도 새하얗게 질려갔을 것이다. 오랫동안 사람의 발길이 닿지 않은 듯했고, 우거진 풀이 어느새 허리춤까지 왔다.

아침 9시, 내리쬐는 태양에 마치 내 몸에 있는 수분이 다 빠져나가는 기분이었다. 목이 타들어 갔고 주체할 수 없이 땀이 흘렀다. 그러나, 감히 벌컥벌컥 물을 들이켤 수도 없었다. 남은 물은 고작 500밀리리터 생수 두 병뿐이었고, 어쩌면 앞으로 남은 20킬로미터를 물 없이 걸어야 할지도 모른다는 불안감 때문이었다. 속절없이 삐져나오는 땀을 그대로 몸속으로 쑤셔 넣고 싶은 심정이었다.

순례자 전용 숙소에 머물렀다면 오늘 일정을 여기저기서 알아보다가 '물을 구할 수 없다'라는 귀한 정보를 미리 얻었을 텐데. 하지만 코로나 상황이라, 타인과의 접촉을 피해 호텔 또는 개인 호스트의 집을 빌리는, '일반적이지 않은' 방법으로 다니는 중이었다. 길에서도 우리와 같은 순례자는 거의 만나지 못했다. 성지 순례길에 관한 책에서도 풍경보다도 길에서 만나는 사람에 관한 이야기가 가장 재미있고 깊은 울림을 주곤했는데, 온전히 우리끼리만 걷고, 사유하고, 정보를 찾아야 하는 상황이 가끔은 아쉬웠다. 사람을 피해 떠나온 길이지만, 사실 매 순간 사람의 온기가 그리웠다. 무엇보다 길에 대한 정보가 간절했다.

두 다리로 직접 걸으면서야 30번 코스는 토스카나의 구릉을 처음부터 끝까지 걷는 길이라는 사실을 깨달았다. 윈도우 바탕화면에 나올법한, 가장 기대했던 초록 융단이 깔린 토스카나 벌판에 하얀 구름까지 걸린 완벽한 날씨였다. 여행이었다면 더할 나위 없이 완벽했을 텐데. 우리는 '여행자'가 아닌 '순례자'였다. 한 번 출발하면 되돌아갈 수도, 대중교통도, 심지어 식당이나 커피숍도 없어서 준비를 단단히 해야만 하는 그야말로 고난의 구간이었다.

"설마 진짜 한 군데도 없겠어?"

안일하게 생각했는데 진짜 아무것도 없다는 사실에 몸이 휘청거릴 지경이었다. 보르고포르테(Borgoforte) 마을에 식당이 있지만, 코로나 상황으로 영업하지 않는다고 했다. 내가 봐도 순례자가 아니면 누구도 구태여 찾을 것 같지 않은 위치였다. 그렇게 우리는 걷기가 주는 그 어떤 신체적 고통과는 비교할 수 없는 '갈증'이라는 고난과 정면으로 마주했다.

도저히 참을 수가 없어 생수병 하나를 열어 한 모금씩 목을 축이듯 음미했다. 꿀꺽, 그 청량감 넘치는 쾌락의 목 넘김이 간절했다. 우리는 마치 생사의 갈림길에 선 듯 서로의 목젖의 움직임을 쩨려보며 재빨리 낚아채 뚜껑을 닫았다. 두 번의 목 넘김을 허락하지 않은 것이었다. 지금 생각해보면 옹졸했으나, 각자의 생존을 위한 몸부림이었다. 그토록 기대했던 찬란한 풍경 속에 들어와 있었지만, 감흥도 오래 지속되지 못했다. 아무리 걸어도 제자리인 것만 같았고 테이프 되감기를 하듯이 똑같은 풍경만이 반복되었다.

갈증이 최고조에 달할 때쯤 2차선 도로에 작은 쉼터가 나타났다. 그곳에는 우리와 같은 순례자를 유혹하는 광고판이 있었다. 바로 택시 전화번호! 진지하게 고민했다. 목적지까지 남은 거리를 계산하고 요금이 얼마나 나올지 머릿속으로 셈해 보았다.

'그래 택시를 타자! 순례고 뭐고 일단 살고 봐야지!'

그리고는 남은 물 한 병을 따서 원 없이 벌컥 들이켰다. 그때, 어제 길에서 만났던 스베아가 우리 곁에 다가왔다. 와우 대박 타이밍! 반가운 마음에 앞서, 택시비를 3등분해서 나눠 내자고 말해보자, 남편과 눈빛을 주고받았다. 남편도 미간을 찌푸리며 나만큼 간절한 눈빛을 쏘아댔다.

"스베아, 오후에 비 소식이 있고, 앞으로 먹고 마실 곳도 없이 계속 땡볕에 이런 풍경이 반복된대. 우린 택시를 탈거야."
"나는 오로지 걷기 위해 이 길을 떠나왔어."

깨갱. 그녀는 단호했다. 그녀의 말에 우리도 정신이 번쩍 들었지만, 이미 물 두 병을 다 마신 뒤였다. 물이 없어 힘들었노라고 울상을 짓자 그녀가 100미터 앞에 식수대가 있음을 알려주었다. 그렇다. 비아 프란치제나 애플리케이션에 수도꼭지 표시가 있는 곳에는 식수대가 있었다. 고맙다는 인사를 전하자 그녀는 우리에게 반드시 걸어서 갈 것을 신신당부했다. 마치 그녀가 어디선가 계속 우리를 지켜볼 것 같아 그러겠노라고 약속했다. 손가락까지 걸고 당장 식수대로 달려갔다.

'아쿠아 포타빌레(Acqua Potabile, 식수)'라는 표지판 앞에 진짜 식수대가 있었다. 식수라고는 하지만 우리가 먹는 그 식수는 아니다. 끓이면 하얗게 석회가 끼는 물도 아무렇지 않게 마시는 사람들이니까. 그러나 우리에게 선택의 여지란 없었다. 찌그러진 플라스틱 두 통에 시원한 물을 가득 담고 고민도 없이 벌컥벌컥 들이켰다. 이탈리아에 7년을 살면서 석회 물을 그대로 마신 적은 그날이 처음이었다. 식수는 무조건 '돈을 주고 구매한 물'이어야만 한다는 신념을 가진 남편마저 아무런 거리낌 없이 수돗물을 벌컥 들이켰다. 나는 마치 미켈란젤로의 작품을 보았을 때처럼 놀란 눈으로 남편을 바라보았다. 물이 바뀌면 배앓이를 하는, 물 소믈리에라고 할 만큼 예민한 사람이다.

"여보, 괜찮겠어?"

걱정되어 물었더니 그는 지금까지 본 가장 환한 얼굴로 대답을 대신

했다. 그렇게 달콤할 수가 없단다. 그의 말을 듣고 나도 숨도 쉬지 않고 시원한 물을 들이켰다. 지금 아니면 언제 또 이렇게 마음껏 물을 마실 수 있을까 싶어 욕심껏 마셨더니 걸을 때마다 뱃속에서 물결이 출렁이는 듯했다. 식수대 덕분에 허기도 갈증도 가득 채우고, 무엇보다 비로소 '물'이라는 것에서 자유로워진 순간이었다.

점심때가 되자 구름이 비를 뿌릴 준비를 했다. 우리의 걸음도 저절로 빨라졌다. 토스카나에서도 슈퍼 투스칸으로 유명한 빌라 필로(Villa Pillo) 와이너리의 포도밭이 펼쳐지더니 보르고포르테, 목적지인 감바씨 떼르메까지 끊임없이 오르막이 이어졌다. 마을 초입에 닿자, 비로소 먹고 마실 곳이 나타났다. 30번 구간에서 처음으로 만난 카페테리아 겸 주유소는 목적지를 불과 1.7킬로미터 남긴 지점이었다.

벌써 오후 세 시가 훌쩍 넘어 있었다. 온종일 먹은 거라곤 물밖에 없었던 나는 우리 집 강아지 똘이가 주인을 보고 날뛰듯, 궁둥이를 씰룩씰룩하며 거의 돌진하다시피 주유소 안으로 튀어 들어갔다. 초콜릿 바 6개와 시원한 생수 2병을 사서 비가 쏟아지는데도 아랑곳지 않고 먹고 마시며 걸었다. 몸속에 당분과 수분이 충전되자 온몸의 에너지가 솟아나면서 몽롱했던 정신이 번쩍 들었다.

지금까지 살면서 먹고 마시는 것이 이렇게나 간절했던 적이 있었을까. 아무 때나 먹을 것을 살 수 있고 부족한 것 없이 살아왔던 우리에게 성지 순례길은 배고픔, 목마름, 피로, 배출의 욕구까지 무엇이든 한계 직전까지 느끼게 해주었다. 그 속에서 '나'라는 사람을 온전히 마주했다. 어느 정도까지의 인내심을 가진 사람인지, 어떤 해결책을 제시할 수 있는 사람인지. '나'라는 사람을 객관적으로 알기 위해서라도 인생에 꼭 한 번쯤은 무작정 걷기만 하는 여정이 꼭 필요한 것 같다.

흠뻑 젖은 채 숙소에 도착했다. 스베아가 우리의 인기척을 듣고 반갑게 인사해 주었다. 약속이나 한 듯 같은 숙소에서 만났다. 이것도 운명이라며 숙소 마당에서 같이 피자를 먹었다. 점심을 먹지 않았는데도 저녁을 거나하게 먹고 싶다는 생각조차 들지 않았다. 그녀도 우리만큼이나 오늘 일정이 힘들어서 배가 고픈 줄도 모르겠다고 했다.

독일인이지만 영어와 이탈리아어에도 능통한 그녀는 경제, 사회, 정치, 환경, 외국어 등 다양한 분야에 관심이 있었다. 우리와 같은 날 같은 도시인 루카에서 출발했고, 로마까지 18개 구간을 40일에 걸쳐 쉬엄쉬엄 걸을 생각이란다. 같은 시기에 같은 이유로 같은 장소를 걷게 되다니. 이야기를 나누다 보니, 다른 나라에서 나고 자랐지만 성향이 많이 닮은 것 같았다. 그녀는 내일 도착하는 산 지미냐노에서 이틀을 더 머물 예정이라 오늘 이후로는 만나지 못할 확률이 높았다. 아쉬운 마음에 드디어 연락처를 공유했다.

"스베아, 앞으로 나아갈 길에 필요한 정보를 미리 전해줄게. 행운을 빌어."

"나는 예상치 못한 상황을 즐기는 편이야. 그게 내가 이 길을 떠나온 이유지. 고맙지만 길에 대해서는 미리 알려주지 않아도 돼."

택시 발언에 이은 2차 충격이었다. 진정 용감하고 자유로운 그녀! '이 길에 대한 정보가 없어서, 길에 먹고 마실 것이 아무것도 없어서…' 라고 불평만 하던 내가 부끄러워졌다.

서로의 길을 응원하며 이야기를 나누다가 우리는 해가 떨어지기도 전에 곯아떨어졌다. 식사 후에 동네 산책을 하면서 내일 마실 물을 사둬야지 생각했는데 물은커녕 비상식량도 미리 구하지 못했다. 숙소 수도꼭지에 '식수' 표시가 붙어있는 것을 보고 마음을 놓은 것이기도 했다. 이제 수돗물쯤은 거뜬히 마실 수 있지.

다음날, 플라스틱 통에 수돗물을 가득 채웠다. 대자연에서 대소사를 해결할 상황을 안 만들고 싶어서 그동안 아침을 먹지 않았는데, 숙소에서 제공하는 간단한 아침 식사를 비상식량으로 두둑이 챙겼다. 물에서 자유로워졌을 뿐인데 이제는 우리가 제법 순례자가 된 것만 같았다.

처음으로 만난 순례자, 스베아의 뒷모습

식수대 표시

순례길에서 만날 수 있는 응급함

day5 800년 된 탑 앞에서 빨래를 널고

800년이 넘은, 몇 남지 않은 산 지미냐노(San Gimignano) 중세 시대의 탑집(Casatorre)이 눈앞에 삐죽 솟아 있었다. 나는 그 앞에서 손빨래를 털어 널었다. 마치 옛날 영화 속에 들어와 있는 듯한 착각에 빠져들었다. 빨래에서 물기가 뚝뚝 떨어져 바닥이 어느새 흥건해졌다. 적당히 취기가 오른 내 심장도 쿵덕 쿵덕 널을 뛰었다. 어둠이 내려앉자 불빛이 하나둘 반짝이기 시작했다. 그동안 마음속으로 오해했던 산 지미냐노가 새롭게 빛나기 시작했다.

감바씨 떼르메-산 지미냐노

13킬로미터

순례자의 루틴은 먹고 자고 걷는 그야말로 단순한 일상의 반복이었다. 새벽 5시 30분 기상, 6시 전에 출발해서 10시 전까지 쉬지 않고 부지런히 걸었다. 상쾌한 아침 공기 덕분에 가장 활력 넘치는 시간이었다. 우리처럼 느린 걸음으로도 4시간이면 10킬로미터 정도는 거뜬히 걸을 수 있었다. 10시 이후부터는 너무 뜨거워서 속도가 현저히 느려지고, 궁둥이를 붙이고 앉는 시간이 점점 길어졌다. 부지런히 걸어 오후 2시 이전에 목적지에 도착하는 것을 목표로 삼았다.

숙소에 도착하면 샤워를 하면서 그날 입은 옷을 빨아 창가에 널어두고 동네 맛집을 검색했다. 아침 점심을 대충 때우거나 거르는 경우가 대부분이어서 저녁만큼은 제대로 먹어야 최소한의 에너지가 생겼다. 오전은 뙤약볕 아래에서 걷느라 괴로운 순간들이 찾아왔지만, 오후에는 맛있는 음식이 있는 그야말로 천국이었다. 먹는 즐거움은 먹고 자고 걷는 단순한 반복이 지속되는 일상에서 가장 큰 쾌락이었다. 바깥 풍경이 보이는 숙소라면 해 질 녘 붉은 노을을 넋 놓고 바라보다가 그날의 코스, 땅의 느낌, 나에 대해 기록해 두었다가 SNS에 공유하기도 했다. 정말 피곤해 곯아떨어진 며칠을 빼고 거의 매일 기록해 둔 메모는 책 쓰기뿐만 아니라 삶에도 큰 자양분이 되었다.

오늘의 일정은 전체 구간 중 가장 짧은 날이었다. 아침에 조금 여유를 부렸다. 일찍 잠든 바람에 사진 한 장 제대로 찍지 못했던 동네 구경을 하고 느지막이 떠나기로 했다. 떼르메(Terme)라는 단어는 이탈리아어로 '온천'이라는 뜻이다. '감바씨 떼르메'라는 이름답게 마을의 중심에는 '비아 프란치제나 온천'이 있었다. 아쉽게도 코로나 상황으로 무기한 영업 정지 상태였다. 마침 마을 입구에 있는 피제리아(Pizzeria) 겸 바 폰토르모 카페(Pontormo Caffe)에서 순례자 도장을 찍을 수 있다길래 찾아갔다. 거기서 갓 구워낸 빵 냄새를 뿌리치지 못하고 아침을 먹었다. 이탈리아 사람들은 아침으로 카푸치노 한 잔과 빵을 주로 먹는다. 낯선 문화였지만 이제는 우리도 쌀밥과 국보다 이탈리아식 커피와 브리오슈가 더 익숙해졌다.

비아 프란치제나 순례길에는 정식 인포메이션 센터뿐만 아니라 해당 구간의 성당 또는 식당, 바, 호텔에서도 순례자를 위해 모양이 서로 다른 도장을 찍어 주었다. 도장을 받으려고 시간에 맞춰 인포메이션 센터에 방문하지 않아도 되고, 바나 식당에서는 순례자들을 손님으로 받을 수 있으니 지역경제 발전을 위해서도 좋은 아이디어라는 생각이 들었다. 순례길에 나선 처음 며칠 동안 나는 마치 치킨 쿠폰 모으듯 크기도 모양도 제각각인 도장 모으기에 열중했다. 그러던 어느 날, 집착이 사라졌다. 도장을 모으는 것이 관광지에서 인증 사진을 찍는 행위처럼 느껴졌기 때문이다. 물론 순례자 여권에 도장을 찍어야 인증서를 받을 수 있지만, 막상 걷다 보니 인증서라는 종이 한 장이 그닥 큰 의미로 다가오지 않았다. 내가 이 길에서 끊임없이 나와 대면하는 과정 자체가 중요했다.

아침에 바에서 식사하던 어르신이 우리 배낭을 보고 비아 프란치제나를 걷고 있냐며 인사를 건네 왔다. 백발의 노인이었는데도 총기 있는 눈빛과 고른 치아가 눈에 띄었다. 당신도 젊은 시절 200킬로미터를 걸어보았노라고, 특히 토스카나의 아름다움에 관해 장황하니 늘어놓았다. 어쩌다 주변에 동네 사람들이 몰려들고, 점점 이야기가 길어졌다. 아니나 다를까, 코리아의 남쪽과 북쪽으로까지 화제가 이어졌다. 작은 마을에서 우리 같은 외국인 관광객, 그것도 이탈리아 말을 할 줄 아는 동양인 관광객은 신기한 존재였기 때문에 수다가 끝없이 이어질 것만 같았다. 동네 사람들과 한참 더 이야기를 나누다가 다급한 척 시계를 쳐다보며 가게를 빠져나왔다.

오늘은 탑의 도시 산 지미냐노로 간다. 이전에 산 지미냐노에 갈 때마다 커다란 배낭을 메고 마을을 두리번거리는 사람들을 마주쳤던 게 떠올랐다. 그들이 순례자였겠구나. 그들이 걷던 순례길을 내가 직접 걷게 되다니. 도착하리라는 것에 대해서는 한 치의 의심도 없었지만, 걸어서 그곳까지 가고 있다는 사실이 도무지 믿어지지 않았다.

산 지미냐노는 중세 시대 때부터 지금까지 로마로 가는 순례길의 중요한 요충지이자 유명 관광지였다. 전쟁과 질병 때문에 신앙의 위상이 높던 시대의 사람들은 일생에 한 번 성지 순례를 떠나는 것이 소망을 넘어 집착으로까지 이어졌다. 순례하면서 다양한 어려움을 겪고, 그 속에서 신의 손길을 느끼면서 종교적 열정을 되살렸을 것이다. 성지 순례에 대한 수요가 높아지자 단체 관광객처럼 무리가 형성되고, 하나의 사업 수단으로까지 발전하게 되었으리라. 산 지미냐노는 이를 바탕으로 상당 기간 번성을 누렸다.

피렌체 근교 도시인 시에나와 산 지미냐노는 비등비등한 인기를 누리는 관광지이다. 나는 두 도시를 놓고 비교할 때마다 항상 시에나를 선택하곤 했다. 산 지미냐노도 분명 매력적이지만 길거리에는 잡스러운 기념품 상점과 올리브유, 와인 등을 판매하는 곳이 즐비해서 마음이 가지 않았다. 젤라토 대회에서 우승하면서 유명해진 '젤라떼리아 돈돌리(Gelateria Dondoli)'는 줄을 한 시간씩 서야 먹을 수 있게 되었고, 식당은 터무니없이 비쌌다. 그래서 여행을 가도 2~3시간만 잠시 머물고 마는 도시였다.

오늘은 달랐다. 코로나로 관광객의 발길이 끊어지자 호텔 숙박비가 말도 안 되게 저렴해졌다. 관광지 중심의 4성급 호텔 꼭대기 층을 10만 원도 안 되는 가격에 예약할 수 있었다. 아이러니하게 코로나 시대는 일상을 앗아간 대신 여행하기에는 그야말로 최적의 시기였다. 물론 '감염 위험이 없다면'이라는 조건이 달라붙지만 말이다. 관광객이 없으니 어느 장소에서나 한적하게 독사진을 찍을 수 있는 것은 물론이고, 저렴해진 덕분에 숙소 선택의 폭도 넓어졌다. 덕분에 여행을 쉽게 계획하기 힘든 시기에도 우리는 다시는 없을 기회처럼 열심히 여행하고 그 과정을 기록했다. 아시아인을 향한 인종차별은커녕 우리처럼 관광객으로 보이는 사람들은 어디서나 환영받았다. 다시 조금씩 늘어나는 관광객들을 보면서 상인들의 얼굴에는 마스크로도 감출 수 없는 미소가 피어났다.

여러 차례 봉쇄를 겪는 동안 우리는 이탈리아에서 2020년의 봄을 잃었고, 일상을 빼앗겼고, 무엇보다 생업을 이어갈 수 없는 직격탄을 맞았다. 그들도 마찬가지였으리라. 일상으로 돌아와 삶을 지속할 수 있으리라는 희망과 우리에게 허락되었던 모든 것들을 언제든 잃을 수 있다는 두려움을 동시에 느끼고 있었다. 누군가는 사랑하는 가족을 잃었고, 나는 엄마의 임종을 지키지 못했다. 이탈리아에서 우리는 영원한 이방인이라고 여겼는데, 어려움을 함께 겪으며 매일 밤 발코니에서 함께 희망을 노래했고, 이탈리아 국가를 열창하며 눈물을 찔끔 쏟기도 했다. 처음으로 그들에게서 동질감과 소속감을 동시에 느꼈다.

어려움을 함께 겪은 이들과는 말하지 않아도 통하는 감정이 있다. 조금씩 일상을 되찾는 과정에서 오늘 그들의 눈빛은 '다 잘 될 거라고, 우리는 이만하면 잘 이겨 냈다'라고 말해주는 것만 같았다.

코로나의 상황을 아무렇지 않게 이야기하게 될 순간이 오면 우리는 '팬데믹'을 어떻게 기억하게 될까? 몇 번의 계절을 돌고 돌아 영원히 아물지 않을 것만 같던 상처에도 새살이 돋아날 거라고 믿는다. 그때가 되면 내가 지나온 모든 계절을 담은 가장 다정한 눈빛으로 우리 모두에게 위로와 응원을 전하고 싶다.

산 지미냐노는 토스카나에서 유일하게 D.O.C.G 등급(이탈리아 와인의 최고등급) 화이트와인을 생산한다. 끼안띠, 몬탈치노 등 레드와인이 주를 이루는 토스카나 지역에서, 산 지미냐노의 베르나챠 디 산 지미냐노(Vernaccia di San Gimignano) 화이트와인은 단연 돋보인다. 중세 시대 때에는 왕족들이 주로 즐겼지만, 지금은 좋은 품질의 와인을 일반인도 저렴하게 즐길 수 있게 되었다. 산도가 높으며 우아하고 섬세한 향이 특징이라, 생선뿐만 아니라 고기 등 모든 요리와 궁합이 잘 맞는다. 특히 이 지역에서 생산되는 트러플(송로버섯)과 사프란을 곁들인 요리와도 잘 어울린다. 역대 교황들뿐만 아니라 단테, 조반니 보카치오 등 유명 인사들에게도 사랑받았다는 베르나챠. "베르나챠는 키스하고, 핥고, 깨물고, 찌르고, 쏜다." 르네상스의 거장 미켈란젤로는 어느 시에서 베르나챠를 이렇게 표현했다.

와인뿐만 아니라 금보다 비싼 향신료라 불리는 사프란(Zafferano)의 주요 생산지로도 유명하다. 이곳에서 생산되는 사프란은 이탈리아에서도 최고급 음식 재료에 속한다. 내가 이 향신료를 처음 알게 된 것은 5년 선 나폴리로 향하는 기차 안에서였다. 당시 남자친구였던 남편과 주말여행을 가는 길. 마침 맞은편에 앉은 두 남자와 이야기를 나누게 되었다. 그들은 여러 장의 꽃 사진을 보여주며 피렌체 근교에서 사프란을 재배한다고 자신들을 소개했다. 당시에는 섬유유연제에 들어가는 꽃인가 보다 얼버무려 생각했고, 이탈리아어에 능숙하지 못했던 터라 대충 대화를 마무리 지었었다. 고급 향신료임을 알게 된 후에는 먹을 때마다 그들 생각이 났다. 특유의 노란빛에 향이 독특해서 익숙해지는 데 트러플만큼이나 시간이 오래 걸렸다.

일반적으로 접할 수 있는 사프란 요리는 사프란 리조또(Risotto allo Zafferano)이며 밀라노 지역에서는 주로 소꼬리찜 오쏘부코 (Ossobuco)와 곁들여 먹는다. 주요 산지인 이곳에서 꼭 한 번 먹어볼 만하다. 며칠 머문다면 와이너리 투어, 사프란 투어에 참여해도 좋겠다. 먹고 마실 생각에 잔뜩 부풀어 13킬로미터를 있는 힘껏 빠르게 걸었다.

베르나차 의 도시 산 지미냐노

길에서 만난 포도밭

산 지미냐노로 가는 길은 가장 짧고 평탄했다. 다만 길게 이어진 숲길은 순례길 표지판이 잘 보이지 않거나 인터넷 환경이 좋지 못해 길을 잃기 쉬웠다. 다행히 관광지로 제법 유명한 마을이어서인지 걷는 중 가장 많은 순례자를 마주칠 수 있었다. 그들의 뒤를 쫓으며 헤매지 않을 수 있었다. 그래 봤자 열 명 남짓이었지만 혼자 걷는 길이 아니구나! 안심되었다.

그날 인사를 나눈 여러 사람 중에서 시에나까지 같은 여정으로 걸었던 트렌티노 알토 아디제(Trentino-Alto Adige) 출신의 마르타와 소니아가 가장 기억에 남는다. 그녀들은 익스트림 스포츠를 함께 즐기는 절친한 친구 사이로, 비아 프란치제나도 몇 번이나 걸어본 경험자였다. 달리기용 숏팬츠와 민소매 티셔츠 위로 드러난 그녀들의 잔잔하게 갈라진 근육을 보면서 감탄하지 않을 수 없었다. 빛나는 구릿빛 피부는 같은 여자인 내가 봐도 섹시했다. 땀에 젖은 머리를 찰랑찰랑 흔들며 큰 보폭으로 걷는 모습이 내 눈에는 어떤 여배우들보다 멋져 보였다. 그녀들과는 시에나까지 매일 마주치며 인사를 나누었다.

낮에는 그렇게 강인한 포스로 하루 20킬로미터 이상을 걷는 여성들이 밤이 되면 화려한 옷으로 갈아입고 180도 변신했다. 스포츠로 다져진 건강하고 다부진 몸매는 짧은 드레스 차림을 더 돋보이게 했다. 누가 봐도 세련되고 아름답게 치장하고 밤을 누리던 그녀들의 은밀한 저녁에 함께하고 싶은 욕망이 매일 내 마음을 두드렸다. 실제로 그럴 기회도 있었으나 옆에 있는 선비 같은 남편보다는 등산복뿐인 내 행색이 영 어울리지 않는 듯해서 관두었다. 다음에 순례길을 걸을 때는 '드레스 업'할 수 있는 복장을 따로 꼭 챙겨와야겠다고 굳게 다짐했다.

이날의 여정에도 역시 바, 레스토랑, 중간마을은 없었다. 다행히도 순례자들이 쉴 수 있는 공간과 식수대가 마련되어 있었다. 쉼터 겸 성당인 산투아리오에서 신발을 벗고 쉬는 동안 여러 명의 순례자가 지나갔다. 대부분 이탈리아 사람들이었다.

그중에는 반가운 얼굴 스베아도 있었다. 아침에 애틋하게 이별 인사를 나누었는데 이렇게 또 만나다니. 반가운 마음에 그녀를 와락 껴안았다. 여전히 이른 아침이라 그 자리에 앉아서 한참이나 수다를 떨었다. 그녀의 숙소는 거기서 3킬로미터 떨어진 곳에 있었고, 우리는 시내 중심가에 묵을 예정이었다. 그녀를 숙소까지 데려다주고 진짜 작별 인사를 했다. 이번에는 전혀 아쉽지 않았다. 마음을 나눈 그녀를 길에서처럼 언젠가 다시 만날 수 있겠다는 확신이 들었다.

마을 초입부터 갑자기 소나기가 쏟아지는 바람에 숙소까지 냅다 뛰었다. 조금 이른 체크인을 하고 숙소 발코니에서 비가 떨어지는 모습을 바라보다가 힘껏 비 냄새를 맡아보았다. 검은 먹구름 사이로 해가 나면서 금세 쨍한 햇살이 내리쬐었다. 볕이 아까워 신나게 손빨래 해서 널어두었다.

산 지미냐노는 중세 시대의 맨해튼으로 불릴 정도로 부유했다. 귀족 가문들은 부의 상징인 탑집을 앞다퉈 세웠다. 누가 높이 세우나 겨루듯이 지어졌지만, 현재는 13개 정도만 남아있다. 유일하게 꼭대기까지 오를 수 있는 토레 그로싸(Torre Grossa)에 올라 마을 풍경을 바라보았다. 여기가 토스카나구나 하는 것을 느낄 수 있는 낮은 구릉과 걸으면서 만난 포도밭, 올리브밭이 줄지어 서 있었다. 하늘은 그야말로 높고 푸르렀다. 자연과 인간이 함께 만들어낸 이 풍경이야말로 반드시 산 지미냐노를 찾아야만 하는 이유였다.

골목을 타박타박 걷다가 내가 좋아하는 젤라토 가게에서 여러 가지 맛을 신중하게 골라 입안에서 녹여보았다. 상큼한 딸기와 레몬 맛에서 신선한 과일 향이 그대로 피어나고 과육이 쫀득하게 씹혔다. 저녁으로는 트러플 파스타와 생고기에 가깝게 피가 뚝뚝 떨어지는 부드러운 스테이크를 썰어 한입 가득 씹었다. 고기의 육즙이 다 빠져나가고 그릴 향 가득한 껍데기만 남을 때쯤 붉은 와인을 한 모금 음미하듯 마셨다. 부드러운 타닌이 고기와 잘 어울려서 처음부터 끝까지 즐겁게 마실 수 있었다. 옆 테이블의 손님은 식사를 마친 후, 빵으로 파스타 소스를 듬뿍 찍어 그릇을 싹싹 핥고 있었다. 전혀 체면을 차릴 필요가 없는 황홀한 맛이었다. 너무나 만족스러운 식사에 인심 좋은 여행객인 양 팁까지 두둑이 얹어주고 숙소로 돌아왔다. 베르나챠를 마시기 위해서였다.

무라카미 하루키는《무라카미 하루키의 위스키 성지 여행》에서 '좋은 술은 여행하지 않는다'라고 했다. 술은 여행하지 않으니 그것을 상징하는 장소로 우리가 떠나왔다.

숙소 발코니에 자리를 잡았다. 아무도 방해하지 않는 나만의 햇살, 바람 그리고 풍경이 있었다. 토스카나의 태양이 탑의 도시를 붉게 물들일 무렵이야말로 순례자가 누릴 수 있는 가장 호사스러운 시간이 아닐까. 물론 옆에 있는 좋은 사람과 좋은 와인을 마시기에도 더할 나위 없이 완벽한 시간이었다.

탑의 도시 산 지미냐노

day6 중세 시대로 시간 여행

새소리에 저절로 눈이 번쩍 떠졌다. 곧장 발코니로 향했다. 물안개 자욱한 산 지미냐노의 풍경을 한순간이라도 놓칠세라, 눈으로 핸드폰 카메라로 번갈아 가며 담았다. 시시각각 변하는 자연을 바라보면서 문득 카메라로 순간을 포착하려는 시도를 관두고 싶어졌다. 사진에 담길 수 없는 순간, 도저히 담아낼 수 없는 공기와 질감이 있었다.

습기가 찬 듯 흐릿한 풍경을 가만히 응시해 보았다. 마치 두꺼운 책 속에서 필요한 구절을 찾기라도 하는 듯 집요하게. 선명한 사진보다 몽환적인 한 폭의 수채화가 이 촘촘한 장면을 더 사실적으로 묘사하기에 적합할 듯했다. 관광객으로 보이는 이들도 멍하니 각자의 발코니에서 풍경을 바라보고 있었다. 우리는 서로 무언의 눈인사를 주고받았다. 모두가 그 순간 비슷한 감동을 느꼈으리라. 경쾌한 종소리가 추파를 던지며 조금 더 머물다 가라고 바짓가랑이를 잡아끌었지만, 무려 31킬로미터를 걸어야 한다는 압박감에 일찌감치 채비를 마치고 숙소를 나섰다.

산 지미냐노-몬테리지오니

27킬로미터

산 조반니 성문(Porta San Giovanni)을 통과해 마을을 벗어났다. 아스팔트길 양옆으로 올리브나무, 포도나무가 일정한 간격으로 완만한 능선을 기어오르고 있었다. 너른 벌판 위에서 흐드러진 초록 잎이 마치 일정한 방향으로 휘감는 물결을 연상케 했다. 그 순간, 정지용 시인의 〈향수〉 속 한 구절이 떠올랐다. '그곳이 차마 꿈엔들 잊힐 리야.' 길에서 힘든 순간이 찾아올 때, 삶이 나를 구석으로 몰아넣을 때마다 눈감으면 가장 먼저 떠오르는 토스카나의 평온한 풍경이었다.

비교적 완만한 오르막과 내리막이 반복되었다. 울창한 숲을 지나 몇번 개울을 건넜다. 중간중간 농가민박이 나타났지만, 카페테리아나 슈퍼마켓은 없는 길이었다.

그렇게 7킬로미터쯤 걸었을까. 눈앞에 커다란 표지판과 함께 두개의 갈림길이 나타났다. 오른쪽도 왼쪽도 모두 몬테리지오니(Monteriggioni)로 가는 비아 프란치제나 정식 코스였다. 단, 오른쪽은 코네오(Coneo) 마을과 에트루리아인(Etruschi)들의 유적지를 거쳐 가는 23.39킬로미터의 숲으로 이어지는 길이었고, 왼쪽은 콜레 디 발델사 (Colle di Val d'Elsa) 마을을 거쳐 가는 지름길이었다. 길이는 19.31킬로미터로 4킬로미터 차이가 났다.

어디로 갈까. 속으로 답을 내렸으면서도 한참 고민하는 척을 했다. 당연히 큰 도로가 있고 마을이 제법 번화해 보이는 짧은 길을 선택했다. 거리도 거리였지만, 코네오 마을로 가는 길은 지도상 숲길로 이어져 있어서 먹고 마실 곳이 있는지도 불확실했다. 코네오 수도원과 '수정처럼 맑다'라고 표현된 에트루리아인들의 온천 칼다네(Le Caldane)를 보지 못한다는 아쉬움이 있었지만, 31킬로미터 여정이 부담이던 우리에게 생각지도 못했던 좋은 선택지가 되었다. 콜레 디 발델사 마을을 거쳐 가기로 하면서 32번 코스는 4킬로미터가 단축된 27킬로미터를 걷게 되는 셈이었다.

콜레 디 발델사는 '엘사 계곡의 언덕'이라는 뜻이다. 여느 도시와 마찬가지로 크게 구시가지(Colle Alta, 윗마을)와 신시가지(Colle Bassa, 아랫마을) 두 구역으로 나누어져 있었다. 순례자들은 구시가지로 들어와 신시가지를 통과하여 몬테리지오니로 가는 식이었다. 구시가지는 도시의 오래된 역사 지구로 건물과 도로를 옛 모습 그대로 유지하고 있는 구역이다. 개인 소유의 집을 고치는 데도 시의 허가가 필요하고, 도시를 확장하더라도 옛 모습을 해치지 않는 범위 내에서만 이루어진다. 높은 건물을 지을 수도 없다. 또한, 구시가지에는 거주민 등록을 한 사람에게만 개인차량 진입을 허용한다. 마찰과 충격을 줄여 울퉁불퉁한 돌바닥을 오랫동안 보존하고 건축물에 최대한 영향을 주지 않기 위한 방책이다. 불편함을 감수하고 오래된 것을 지켜내려는 이탈리아 사람들이 가끔은 존경스럽다. 물론 느려 터져서 답답할 때도 있고, 누군가는 이탈리아를 '조상 덕분에 잘 먹고 잘사는 나라'라고 표현하지만, 끊임없이 지켜내려는 사람들이 없었다면 지금의 문화 강대국 이탈리아도 없으리라.

구시가지는 시에나와 피렌체 사이의 전략적 요충지답게, 수많은 전쟁을 감당했을 법한 성벽으로 둘러싸여 있었다. 이러한 이탈리아의 소도시들을 볼 때마다 치열했던 전쟁의 시대가 떠올랐다. 조금은 쓸쓸하고 호젓한 느낌마저 드는 다른 지역의 성벽들과 달리 콜레 디 발델사는 왠지 푸근하고 다정했다. 양쪽에 서 있는 거대한 두 개의 탑 사이로 활짝 열린 성문은 마치 치맛자락을 열고 들어오라고 손짓하는 여인의 풍만한 몸짓 같았다.

홀린 듯 성문 안으로 들어섰다. 그토록 매혹적인 요새는 지금껏 본 적이 없었다. 성문을 통과하자 완전히 중세 시대로 장면이 전환되었다. 압도적인 분위기에 미간을 찌푸리며 잔뜩 긴장했다가, 쏟아지는 햇살에 금세 녹아버렸다. 일직선으로 쭉 뻗은 좁은 골목길 양옆으로 족히 수백 년은 되었을 법한 돌집들이 면해 있었다. 멍하니 창밖으로 얼굴을 내미는 자들만 몇몇 있었을 뿐, 걸어 다니는 사람은 거의 없는 조용한 마을이었다. 이렇게 고요한데 미슐랭에 버금가는 레스토랑부터 멋진 전망을 가진 고급 와인바들이 골목마다 들어서 있어 호기심을 자극했다.

순례길을 다녀온 후 알게 된 정보에 의하면 콜레 디 발델사는 이탈리아 전체 크리스탈 생산량의 95퍼센트, 전 세계 생산량의 14퍼센트를 차지할 만큼 거대한 산업 도시였다. 이탈리아는 대도시나 특정 도시 위주가 아니라 도시마다 자체 기술이나 산업을 세계적인 역량으로 키워내는 경우가 많다. 토리노는 자동차, 비첸차는 금세공업, 모데나는 슈퍼카, 베네치아는 유리 공예 등. 덕분에 지역별로 비교적 고른 경제 성장이 가능했다. 소수의 대기업이 아닌 여러 중소기업이 이탈리아 경제를 받치고 있는 배경이기도 하다.

몬테리지오니로 향하는 갈림길 표지판

콜레 디 발델사, 콜레 디 발델사… 발음이 어려워 여러 번 소리 내 이름을 외우며 걷다가 조잘조잘 아이들 목소리가 들리는 곳을 찾아가 보았다. 신시가지가 한눈에 내려다보이는 탁 트인 전망을 가진 초등학교였다. 몇 안 되는 관광객들만이 입이 떡 벌어지는 풍경에 탄성을 내지를 뿐, 아이들은 대수롭지 않게 공차기를 하고 있었다. 전망대를 거쳐 가파른 내리막길로 기다시피 내려가자 활기찬 신시가지가 나타났다. 좁은 길을 세로선으로 반 갈라 양쪽에 집과 잡화상점이 빼곡히 들어차 있었고 골목마다 소란스러웠다. 이탈리아 깃발이 사정없이 나부끼는 길을 지나면서 남편과 나는 동시에 스파카나폴리(Spaccanapoli)를 떠올렸다.

스파카나폴리는 고대 그리스·로마 시대부터 시민들의 주거 지역이었던 마을로, 나폴리 서민의 기질을 그대로 담고 있는 구역의 이름이다. 신시가지라고 해서 우리나라 신도시를 생각하면 안 된다. 수백 년 역사 지구에서는 벗어났지만, 역시 그에 버금가는 역사가 서려 있는 오래된 마을이기 때문이다. 커피를 한 잔 마시고 싶어 두리번거리고 있는데 누군가 뒤에서 와락 나를 껴안는 느낌이 들었다. 어제 길에서 만났던 소니아와 마르타가 반가워 어쩔 줄을 몰라 하며 내 양쪽 귀를 붙잡고 볼을 비벼댔다. 그 기쁨에 동화된 나도 폴짝폴짝 제자리 뜀박질을 하며 반가움을 표시했다.

"우리는 몬테리지오니까지 버스를 탈 거야. 10분 뒤에 오는데 함께 타고 가자."

"우리는 처음부터 끝까지 걸을 생각이야. 몬테리지오니에서 만나자."

그녀들에게 왜 버스를 타는지 이유를 묻지 않았지만 머지않아 짐작할 수 있었다. 꽤 오랜 시간 동안 차도가 이어지다 보니 시끄러운 자동차 소리와 아스팔트 열기에 정신이 혼미해졌다. 몬테리지오니로 올라가는 가파른 오르막에서는 숨이 멎을 것만 같았다. 걷는 내내 남편과 가장 많이 싸웠던 구간이기도 했다. 나는 경험자들이 버스를 타는 데에는 이유가 있을 거라며 그들과 같이 버스를 타자고 주장했고, 남편은 무조건 끝까지 걸어서 완주하고 싶어 했다. 급기야 내가 도저히 못 걷겠다며 1킬로미터 남짓한 거리를 되돌아가며 실랑이를 벌였다. 돌이켜 생각해 보면 남편에게 미안할 정도로, 튼튼한 내 두 다리로 걸을 수 있음에 감사한 순간이었다.

차도를 벗어나 고즈넉한 시골길 풍경이 나타나자 주먹만 한 민들레 꽃씨를 후후 불면서 걸을 정도로 여유가 생겼다. 키 큰 나무들이 시원한 그늘도 만들어 주었다. 도저히 걷기 힘들어 길가에 널브러져 있는 동안에는 지나가는 마을 주민이 여름 햇살을 가득 머금은 과일을 한 움큼 쥐여주며 "포르차(Forza, 파이팅)"를 외쳐 주기도 했다. 달콤한 과일을 우걱우걱 씹어 삼키는 동안 걷기만을 고집하던 남편에 대한 미움과 걷기의 피로감이 거짓말처럼 줄어들었다.

뜨거운 햇살에도 가끔 불어오는 바람 덕분에 여름을 만끽하며 걷다

보니 드디어 아바디아 아 이솔라(Abbadia a Isola)가 보이기 시작했다. 광활한 우주에 외롭게 떠 있는 우주선처럼 덩그러니 놓여 있었다. 이 지역은 원래 늪지대였는데 수도원 자리가 늪 속의 섬 같아서 오래 전부터 이솔라(Isola, 섬)라고 불렸단다. 지금도 거대한 땅덩어리에 동떨어진 섬처럼 보였다. 무려 기원전 9세기 때부터 사람이 살았던 마을이며 1001년에 지어진 수도원은 여전히 순례자를 위한 숙소로 이용되고 있었다.

작은 아치 형태의 문을 통과해 들어서자 수도원 겸 순례자 숙소와 성당, 몇 가구의 집이 나타났다. 오래된 역사 속에 남은 인간이라고는 백발의 노인 한 명뿐이었다. 이 작은 마을의 문지기라도 된다는 듯 웃통을 벗고 담배를 물고 앉아 있었다. 무료하기 짝이 없는 일상인 듯 보였지만 무려 10세기를 등에 지고 있는 위풍당당한 기사의 모습이 노인에게 투영되어 있었다. 말없이 우리를 바라보는 묵직한 기운에 주눅이 들어 조용히 사진만 찍고 빠져나왔다. 노인에게 우리의 출현이 몹시 반가웠을지도 모르겠다는 생각이 든 것은 그로부터 한참 지난 뒤였다. 강인하고 어쩐지 쓸쓸했던 눈빛이 지금도 가끔 아른거린다.

아바디아 아 이솔라를 지나자 드디어 몬테리지오니가 잡힐 듯 눈 앞에 나타났다. 고흐의 그림 같이 선명한 노란 밀밭이 좁은 길 양옆으로 펼쳐져 있었다. 밀밭의 경계에는 붉은 토지 위로 올리브나무와 포도나무가 길을 잃은 듯 사정없이 흩뿌려져 있었다. 힘든 와중에도 질서 정연하지 않은 모습이 몬테리지오니에 대한 친근감을 느끼게 했다.

오르막길을 따라 점점 높아져 가는 능선의 정상부에는 단테가 말한 신비로운 왕관 모양의 마을이 높이 솟아있었다. 둥그렇게 둘러싸인 성벽에 14개의 망루가 삐죽 솟아 진짜 왕관처럼 보였다. 벅차다는 감정을 넘어서 저릿하고 아찔했다.

아바디아 아 이솔라

마침 사방이 조용했다. 우리는 가만히 멈추어서 흙냄새와 비릿한 바람 냄새를 흠뻑 맡아보았다. 물을 머금고 있는 공기였으나 비를 뿌리지는 않았다. 비현실적인 흰 구름이 헐떡이면서 흘러갔다. 우리는 마치 영화의 결말을 곱씹는 사람들처럼 한동안 풍경을 응시했다. 눈 앞에 펼쳐진 광경이 말도 못 하게 아름다워서 여러 번 신음에 가까운 감탄사를 쏟아냈다.

분명 사랑의 감정이었다. 사람이나 동물에게서뿐만 아니라 좋은 그림과 글, 장소, 지금 내가 서 있는 이 땅에도 주체 못 할 사랑의 감정을 느끼는 것은 아마도 인간의 본능이지 싶었다.

에트루리아인들의 유적을 지나 까무러치게 가파른 오르막을 올라, 1200년대에 지어진 성벽으로 둘러싸인 마을에 들어섰다. 몬테리지오니, 이곳 역시 시에나가 피렌체의 공격으로부터 방어하기 위해 쌓은 성벽으로 둘러싸여 있었다. 성벽의 둘레는 불과 570미터. 지도가 없어도 절대 길을 잃을 수 없을 만큼 작은 마을이었다.

작은 광장에는 열 개 남짓한 레스토랑, 바를 비롯한 기념품 가게들이 빽빽이 들어차 있었다. 13세기에 지어진 로마네스크 양식의 성당 옆에 있는 인포메이션 센터에서 순례자 도장을 받고, 성벽에 올라 몬테리지오니를 바라보았다. 내가 걸어온 밀밭 사이로 올리브 나무가 머리를 흔들며 빈틈없이 서 있었다. 이곳을 '지옥의 거인'의 모습으로 빗대어 표현한 단테가 떠올랐다.

마치 둥그런 성벽 위에

몬테리지오니 탑이 스스로 왕관을 두르듯

그렇게 우물을 에워싼 둑 위에서

몸의 상반신을 세우고 있는 무시무시한 거인들이

망루처럼 서 있는데

천둥이 울릴 때마다 하늘의 제우스가 위협하더라

- 《신곡》 지옥편(칸토31:40-45), 단테

둥그렇게 둘러싸인 성벽, 14개의 망루. 망루를 지옥의 거인으로, 성은 거대한 우물로 표현했다. 제우스는 천둥으로 거인들을 제압한다. 그 누구도 함부로 제압할 수 없는 곳. 단테는 지옥을 표현하기 위해 몬테리지오니를 떠올렸을 것이다. 이 문장을 읽고 몬테리지오니를 만나자 단테의 상상력과 살아 숨쉬는 듯한 표현에 저절로 고개가 끄덕여졌다.

하지만 나에게 몬테리지오는 지옥이 아니었다. 한 뼘 남짓한 작은 광장에서 반짝이는 햇살 한 줌에 빨래를 널어 말리는 사랑스러운 이의 마을로 기억될 것이다. 햇볕이 좋아 나도 급히 빨래를 하고 탈탈 털어 널었다. 걸어오면서 맡았던 비릿한 바람 냄새, 붉은 흙냄새, 마을 뒤편으로 빼곡히 늘어서 있는 향긋한 올리브 나무 냄새가 내 옷가지에 베어들 것만 같았다.

왕관처럼 보이는 몬테리지오니

day7 아무런 대가를 바라지 않고 내어준 당신들에게

창문을 열자 성벽 너머로 붉은 기운이 맴도는 게 느껴졌다. 아직 알맹이가 튀어 오르지도 않았는데 나는 그 붉은 기운만으로 해가 떠오를지 가라앉을지 구별할 수 있을 것 같았다. 전자는 밀어내고, 후자는 파고들어 코앞까지 발을 뻗었다.

매일 아침, 나는 밀어져가는 해에게 더 가까워지기 위해 길을 나섰다. 정수리 꼭대기로 올라올수록 점점 멀어지던 말간 얼굴은 해 질 무렵이면 매일 다른 얼굴로 달려와 내게 안겼다. 매일 해가 뜨고 지는 자연의 순리를 온몸으로 느꼈다. 그 아름다움을 늘 경탄했다. 곁에 있는 존재를 향해 매 순간 감사하면서 어쩌면 세상에 당연한 것은 아무것도 없을지도 모르겠다고 생각했다. 엄마가 내 곁에서 갑자기 사라져버린 후로 종종 그런 생각을 했던 것 같다. 해가 사라졌다가 매일 다시 얼굴을 내미는 것처럼 내 엄마도 다시 해사한 얼굴로 나타나 줬으면 좋겠다고. 정말 단 한 번만이라도.

아직도 생생하다. 엄마가 떠나간 날 아침의 분위기와 처절했던 내 감정이. 잿빛 하늘이 한층 더 우울감을 자아내던 늦가을이었다. 엄마는 아무런 미련도 없다는 듯 훌쩍 세상을 떠났고, 도저히 믿기지 않아서 눈물조차 흘릴 수 없던 나만 남아있었다. 영정사진 속 엄마는 해맑게 웃고 있었지만, 내가 웃음을 되찾은 것은 그로부터 몇 번의 계절이 지난 뒤였다.

엄마. 아무런 대가를 바라지 않고 모든 것을 주었던 유일한 존재.

내 기억 속 최초의 엄마는 내가 다섯 살 무렵이었다. 아픈 나를 업고 매일 왕복 두 시간 거리에 있는 병원에 갔던 엄마는 지금 내 나이였다. 또래보다 왜소했어도 15킬로그램이 거뜬히 넘는 딸을 업고 한 시간에 한 대뿐인 마을버스를 놓칠세라 뛰던 모습. 엄마의 땀과 온기를 나는 생생히 기억한다. 아픈 나를 가슴에 파묻고 엄마는 수없이 눈물을 흘렸지만 내게 만큼은 그 누구보다 강인한 존재였다.

엄마의 이름은 채옥희. 구슬'옥'에 빛날 '희' 구슬처럼 빛난다는 뜻인

120

데 그녀의 생은 이름처럼 빛나지는 못했다. 스물여섯 살 고운 나이에 어른들의 중매로 시부모에 시할머니까지 모시는 집으로 시집와 갖은 고생을 하며 나를 낳았다. 내 앞으로도 줄줄이 딸만 있어서 다시 딸을 낳은 엄마는 온갖 구박을 당해 서러웠다고 했다. 다행히 연년생으로 남동생을 낳았지만, 산후조리는커녕 젖먹이를 두고 공장일을 해야 할 만큼 형편이 어려웠다.

엄마는 평생 돈 걱정, 자식 걱정에 365일 일만 하면서 억척스럽게 살았다. 아니 살아냈다. 그리고 자식들을 품에서 모두 떠나보낸 뒤 인생의 굴곡이 이제쯤 끝이겠구나, 안도하였을 것이다. 그 무렵 암이 엄마를 찾아왔다.

노후를 보낼 시골집 공사를 마무리하고 주소지 등록을 막 마치려던 어느 날 통보를 받았다고. 볶은 땅콩을 와그작 깨물며 대수롭지 않은 듯 꺼낸 이야기치고는 너무도 묵직했다. 신의 존재를 부정하며 살았지만, 그때는 나도 엄마도 신을 간절히 붙잡을 수밖에 없었다. 엄마는 4년간 투병 생활을 했다. 죽을 만큼 고통스러운 순간에도 괜찮은 척하며 여러 번의 수술과 항암치료를 버텼다. 얼마나 힘들었을까. 바스락 낙엽처럼 말라가는 엄마를 바라만 봐야 하는 아버지의 심정은 어땠을까? 그 공허한 눈빛에서도 감히 짐작조차 되지 않았다.

엄마는 나를 살리기 위해 죽을힘을 다했는데 나는 아무것도 할 수 없다는 사실이 견딜 수 없을 만큼 괴로웠다. 이를 악물고 울다가 어금니가 깨져버릴 만큼 커다란 고통에 시달렸으나, 가장 괴로웠던 것은 이기적인 나 자신 때문이었다. 코로나 때문에, 자가격리 때문에, 여러 상황을 재고 따지다가 엄마의 임종을 지키지 못한 불효자가 되었다. 자책할 때마다 엄마는 내가 당신 인생에 가장 큰 선물이라며 늘 나를 다독였다. 나로 인해 가장 행복했다는 엄마. 야속하게 내 꿈에 한 번도 나타나 주지 않는 엄마… 잠재되어 있던 감정이 성지 순례길을 걸으면서 한 번에 터져버렸다. 시에나(Siena), 이제는 함께할 수 없는 엄마와 함께했던 처음이자 마지막 여행지. 지금 그곳으로 가고 있다.

이른 아침. 숙소 주인이 전날 미리 알려준 상자에 열쇠를 두고 고양이 걸음으로 숙소를 빠져나왔다. 코로나 상황으로 숙소 주인들이 비대면을 원하는 경우가 많았다. 프랑카 문(Porta Franca)을 통과해 나가자 해가 점점 뒷걸음질 치듯 멀어졌다. 매일 아침 마주하는 풍경은 올리브 나무, 포도나무, 굽어지는 능선, 해 그리고 안개. 비슷한 듯 다른 얼굴을 하고 있으나 나는 늘 똑같은 감탄사를 내뱉었다. '아, 아름답다….' 그 이상의 표현이 떠오르지 않았다. 사실 그 이상의 말이 필요 없는 풍경이었다.

울창한 숲으로 들어가기 전, 뒤돌아서 왕관 모양의 몬테리지오니를 마지막으로 바라보았다. 침략당한 적이 한 번도 없다는 철옹성. 800년을 그 자리에서 버텼을 세월을 상상하니 마음이 웅장해졌다.

중세 시대 마을을 뒤로한 채 숲길로 저벅저벅 걸어가자 작은 집들과 귀여운 요새가 나왔다. 그리고 드디어 푼토 소스타 라 빌라(Punto Sosta

La Villa)! 그곳에는 비아 프란치제나를 걷는 순례자들의 영혼의 안식처로 불리는 '마르첼로의 집'이 있었다. 가정집 같은 외관에 하마터면 모르고 지나칠 뻔했는데, 검은 고양이 한 마리가 마치 자기 집인 것처럼 우리를 인도해 주었다.

몬테리지오니에서 7킬로미터 떨어진 지점, 먹고 마실 것을 구할 곳이 없는 33번 구간의 오아시스였다. 마르첼로는 사진에서 본 것과 똑같이 짧은 회색 머리에 검은 뿔테 안경을 쓴 중년의 남자였다. 바쁘게 일하던 와중에도 우리를 반갑게 맞이해 주었다. '라 빌라'는 예전부터 순례자들이 많이 지나다니는 길목이어서, 마르첼로의 집으로 와 물이나 먹을 것을 요청하는 사람들이 많았다고 했다. 그는 기꺼이 음식을 내어주었고, 오랜 시간에 걸쳐 순례자들을 위한 테이블, 의자 그리고 그늘을 만들었다. 심지어 자기 집 마당에 간이식당을 차려 식사와 간단한 음료까지 무료로 제공했다. 우쭐해하거나, 받는 사람에게 어떤 식으로든 심적 부담을 주지 않으려는 배려가 공간에 가득했다. 그는 우리에게 수년간 엮어온 방명록을 자랑스럽게 보여주었다. 코로나가 닥쳤던 2020년에는 방명록을 만들지 못했다며 몹시 아쉬워했다.

아무런 대가를 바라지 않고 내어준다는 것은 누구나 할 수 있는 일이 아니다. 대단한 사명감을 가지고도 감히 시도조차 하기 어려운 일을 수년간 이어오고 있다는 그를 보면서 또 한 번 나 자신을 돌아보게 되었다. 좋은 마음으로 시작한 일이지만 분명 회의감이 찾아오는 순간도 있었을 것이다. 눈으로는 웃고 있지만 어쩐지 가끔 나타나는 쓸쓸한 표정이 말해주고 있었다. 모두가 자신의 생존을 고민할 때 타인을 위해 봉사하는 사람. 마르첼로에게 말했다.

"순례자들을 위해 애써주어서 고마워. 당신이 매 순간 그 누구보다도 행복했으면 좋겠어."

내 마음이 전달되었던 걸까. 그는 눈가가 촉촉해진 채로 고개를 돌려 열심히 카푸치노 거품을 만들었다. 그가 만들어 준 커피는 순례길 여정을 통틀어 가장 풍성했고, 그의 미소는 힘든 순간마다 생생히 떠올라 나를 지탱해 주었다. 연신 고맙다는 인사를 하고 인증 사진도 남기고 다시 길을 나섰다. 넓은 쉼터를 가꾸느라 바쁜 와중에도 문밖으로 나와 아쉬운 듯 손을 흔들며 웃어 주었다. 머물다가 떠나는 이들을 바라보며 내심 헛헛하기도 할 테지만 그렇게 항상 사람 좋은 미소를 내어줄 사람. '또 만나자'라는 상투적인 인사 대신 그의 공허한 마음을 달래주었을 방명록에 한글과 이탈리아어로 감사의 인사를 또박또박 써 내려갔다.

고맙다는 말과 함께 때마침 주인을 찾은 듯한 나의 첫 번째 책 《이탈리아에 살고 있습니다》를 그곳에 두고 왔다. 길에서 만난 누군가에게 주고 싶어 몇 날 며칠을 나와 함께 했는데 생각해보니 걷는 자들에게는 무거운 짐밖에 되지 않을 것 같았다. 한국의 순례자들이 마르첼로의 쉼터에서 한글로 된 내 책을 발견하고 반가워해 주었으면.

우리를 안내한 검은 고양이

마르첼로의 집

마르첼로의 집을 벗어나 다시 숲길을 걷다 보니 시에나까지 2킬로미터 남았다는 표지판과 함께 아스팔트 길이 나왔다. 아스팔트 도로는 흙길보다 무릎에 무리가 생겨 걷기에 힘들 뿐만 아니라 복사열 때문에 훨씬 더 뜨겁게 느껴졌다. 지친 몸을 이끌고 아스팔트 오르막을 오르다 보니 드디어 시에나라는 표지판이 보이고 작은 마을과 시내버스 정류장이 곳곳에 나타났다. 여기서부터 또 완만한 오르막을 걸어야 우리의 목적지인 시에나 캄포 광장이 나올 터였다.

토스카나의 도시들은 어째서 죄다 이렇게 높은 곳에 터를 잡았을까. 당연히 전쟁에는 유리한 입지 조건이었겠지만, 걷는 사람에게 오르막길은 실로 다양한 시험에 들게 했다.

버스의 강한 유혹을 뿌리치며, 거의 네발로 기다시피 캄포 광장에 도착했다. 시에나는 한때 피렌체와 견줄 만큼 강한 도시국가로 성장했다가 흑사병을 겪으면서 쇠락의 길로 접어들었다. 우리의 지역 갈등처럼 피렌체와 시에나도 여전히 토스카나에서 자기가 최고라는 자부심을 품고 기 싸움을 한다.

시에나 중심에 자리 잡은 캄포 광장은 이탈리아에서도 가장 아름다운 광장으로 손꼽힌다. 조개 모양의 방사형 광장 주변은 푸블리코 궁전(Palazzo Pubblico)과 만쟈의 탑(Torre del Mangia), 집과 상가들로 둘러싸여 있었다. 이 광장에서는 14세기부터 매년 여름 7, 8월에 두 차례에 걸쳐 팔리오(Palio)라 불리는 안장 없이 달리는 경마 축제가 열린다. 팔리오에 대한 애정이 얼마나 깊었던지, 1, 2차 세계 대전 중에도 개최

했다고 한다. 1분 남짓한 축제를 둘러싼 이탈리아인들의 열정은 외국인이 이해하기 힘든, 너무나 이탈리아적인 풍경이다. 축제가 없는 평소의 캄포 광장에는 너도나도 배를 드러내고 누워 광합성 하는 진풍경이 펼쳐졌고, 나는 그것이 신기해서 한참을 바라보곤 했다.

시에나는 내가 정말 사랑하는 도시이다. 이탈리아에 와서 처음으로 혼자 여행했던 곳이자, 엄마와도 함께 했고, 남편과도 몇 번을 다녀갔다. 그러나 순례자가 되어 만난 이곳은 전혀 낯선 인상을 주었다. 한 시간 전까지 나는 분명 울창한 숲을 지나고 까마득한 오르막길을 기다시피 올라왔는데, 갑자기 번화한 거리에 다양한 관광객들이 쏟아져 나오는 모습에 괴리감마저 들었다.

익숙한 거리였으나 낯선 듯 재빠르게 눈알을 굴렸다. 우리처럼 당황한 모습이 역력한 자들은 모두 커다란 배낭을 메고 있었다. 오늘 묵을 숙소를 아직 결정하지 못했을 수도 있고, 번화한 관광 도시의 모습에 마치 속세로 걸어들어온 듯한 느낌이 들었을 수도 있다. 드디어 목적지에 도착했다는 기쁨 너머로 나는 왠지 빨리 숲길로 다시 가고 싶다는 생각마저 들었다. 고작 며칠 걸었다고 순례자 행세를 하려는 내가 우습기도 했다. 그러나 나는 정말 관광객으로 보이는 무리와 섞이고 싶지 않아서 숙소까지 뛰듯이 걸었다.

짐을 내려놓기 무섭게 기다렸다는 듯 비가 한 방울씩 떨어지기 시작했다. 금세 바닥이 찰랑거릴 만큼 쏟아졌다. 어리둥절한 표정을 지은 사람들이 처마 밑에 몸을 웅크리고 비를 피했다. 나는 숙소 침대에 누워 그 모습을 바라보았다.

비가 그친 늦은 오후가 되어서야 겨우 몸을 일으켜 고딕 양식의 시에나 대성당을 구경했다. 그야말로 화려함의 극치였다. 특히, 촘촘한 바닥 모자이크가 압도적이었다. 손바닥만 한 모자이크 작품을 만드는 데만 해도 여러 시간이 걸리는데, 이 거대한 바닥을 메꾸느라 얼마나 많은 사람의 노력과 돈이 들었을까. 발길이 닿는 모든 곳마다 입이 다물어지지 않았다. 역시 시에나는 피렌체와 견줄 만한 도시였다.

붐비는 인파를 비집고 숙소로 돌아오는 길, 캄포 광장에 걸터앉아 옛날 사진을 들여다보았다. 5년 전, 시에나에서 엄마와 함께했던 추억이 그리웠다. 이탈리아에 살면서 핸드폰은 여러 번 바뀌었지만 블로그에 차곡차곡 쌓아둔 기록 덕분에 보고 싶을 때면 언제고 꺼내 볼 수 있었다. 우리는 캄포 광장에 누워 함께 햇볕을 쬐었고, 사진 속 엄마는 천진한 웃음을 짓고 있었다. 나는 그날을 이렇게 기록했다.

"학창 시절의 우리 엄마가 이런 모습이었을까 상상하게 될 만큼 궁금한 것도 먹고 싶은 것도 마음껏 드러내는 여고생 같다. 늘 억척스럽기만 하던 엄마가 이렇게 함박웃음도 지을 수 있는 사람이었구나. 숨기지 않고 무엇이든 마음껏 표현해주는 엄마가 정말 고맙다."

함께 여행하면서 서로에 대해 새로운 모습을 발견했다. 그리고 자연스럽게 엄마와 단둘이 하는 유럽 여행을 꿈꾸었다. 그러나 우리에게 다음 여행은 허락되지 않았다. 마지막일 줄 알았으면 조금 더 착한 딸이 될걸. 다 큰 딸이랍시고 잔소리를 해대던 내가 떠올라 가슴이 먹먹해졌다.

가장 행복했던 순간을 사진과 글로 추억할 수 있으니 다행이라고 해야 할까. 한참 동안 사진을 바라보다가 우리가 함께 누웠을 법한 자리에 등을 기대고 누워보았다. 그때처럼 따가운 햇볕이 쏟아지고 있었다. 내 옆에는 눈물 흘리는 아내를 바라보고 서 있는 남편이 있었다. 엄마를 떠나보낸 후 지하철에서 성당에서 공원에서 이렇게 북적이는 관광지에서 갑자기 눈물을 흘리는 나에게 '왜 우느냐고' 묻지 않는 남편이 참 고마웠다. 한참을 울고 아무렇지 않다는 듯 그의 팔짱을 끼고 광장을 걸었다. 그리고 평소에는 남사스러워 한사코 거부하던 커플 사진을 여러 장 찍었다. 이 사진이 훗날 우리에게 성지 순례길의 추억을 상기시켜주길 바라며 입꼬리를 올려 최대한 행복한 표정을 지었다.

사진과 글은 다른 방식의 기록이지만, 생각지도 못한 순간에 현실로 찾아와 과거의 나 자신을, 그리웠던 순간을, 사람을 기억하게 한다. 기록하지 않은 모든 것은 흩어지고 결국엔 잊히기 마련이다. 어떤 방식으로든 기록을 지속할 수밖에 없는 이유다. 비록 낯설었으나 걸어서 시에나를 만난 이 순간이 증발하지 않도록 꼭 붙잡아 두어야겠다고 생각했다. 아무런 대가를 바라지 않고 내준 마르첼로와 엄마, 두 사람이 무척 그리웠던 날. 그들을 잊지 않기 위해서 모든 감각을 동원하여 글을 썼다.

숙소에서 바라본 만쟈의 탑과 캄포 광장

그날의 몸 상태

day8 실에서 벗어난 날

진짜 순례자란 어떤 사람일까. 순례자가 되기 위한 자격은 무엇일까. 처음부터 끝까지 걷는 사람만이 진정한 순례자라고, 짐 운반 서비스를 이용하는 사람은 순례자로 인정하지 않는다고, 갑론을박이 벌어진다. 오늘 나는 10킬로미터 거리를 점프, 즉 버스를 탔다. 걷기 위해 떠나온 길에서 버스를 탔다는 사실이 내내 마음에 걸렸다.

비아 프란체제나 공식 안내서의 저자 모니카 다티는 말한다. "순례자가 된다는 것은 곧 성지에 도착하는 것만을 의미하지 않습니다. 순례자는 도착하는 사람이 아니라 출발하는 사람과 걷는 사람입니다." 수단과 상관없이 길 위에서 스스로와 마주하고 서 있는 우리가 모두 순례자라고 나는 믿는다.

시에나-부온콘벤토
30킬로미터

　여행자가 되어 한 도시에 머무는 일은 늦은 밤과 이른 새벽을 모두
만나야 비로소 완성된다. 낯선 도시는 타인의 체취를 풍기며 한껏 꾸
민 듯 잘 차려입은 모습을 보여주다가 밤이 되면 조금 흐트러진, 어쩌
면 인간적인 모습을 수줍게 내어놓았다. 주로 고요하거나 온통 로맨틱
하거나 또는 격하게 흥분되었다. 새벽이 되어야 비로소 아무 거리낌 없
이 날것 그대로의 모습을 볼 수 있지만, 여행지에서 새벽을 만나기는 쉽
지 않았다.
　시에나의 밤은 늦게까지 불이 꺼지지 않았다. 발 디딜 틈 없이 붐볐다.
마치 완전한 어둠이 내리는 걸 두려워하는 사람들이 사는 마을 같았다.
다음 날 새벽, 캄포 광장이 고요해지고 나서야 시에나의 맨얼굴을 만날
수 있었다. 도화지처럼 깨끗했고, 아침을 밝히는 사람들만이 부지런히
삶의 터전으로 향하고 있었다. 잠에서 덜 깬 눈을 비비며 캄포 광장을
한참 바라보았다. 짙은 회색빛 하늘에 검은 새들이 낮게 날며 어둠을 드
리우고 있었다. 곧바로 비를 뿌릴 것만 같았다.

시에나에서부터는 비아 로마(Via Roma, 로마길)라는 표시가 유독 눈에 선명하게 들어왔다. 넌지시 "우리 로마까지 걸을까?"라고 물으면 남편은 알 수 없는 표정을 지었지만 나는 느낄 수 있었다. 그는 처음부터 마음이 요동치고 있었다는 것을.

코로나 이후 24시간 매일 붙어있다 보니 이제는 상대의 작은 표정이나 손짓 하나에도 마음속이 훤히 들여다보였다. 그의 결단을 알아챈 후로 나도 마음의 준비를 하며 걸었다. 사귀자는 말을 처음 할 때처럼 조심스러웠지만 누가 먼저 입 밖으로 꺼내느냐가 관건일 뿐이었다.

비아 로마를 따라 걷다가 로마나 문(Porta Romana)을 통과해 성벽 밖으로 빠져나와 한동안 내리막길을 걸었다. 34번 코스는 폰테 다르비아(Ponte d'Arbia)까지 26킬로미터를 걷는 코스인데 우리는 4킬로미터를 더 걸어 부온콘벤토(Buonconvento)까지 가기로 했다. 폰테 다르비아 마을은 그야말로 순례자 숙소만 덩그러니 놓여 있는 외딴곳이어서 오후 시간을 무료하게 보낼 가능성이 컸다.

오늘 코스는 '다르비아(d'Arbia) 삼총사'라 이름 붙여 보았다. 이솔라 다르비아, 몬테로니 다르비아, 폰테 다르비아까지 아르비아 개울을 따라 마을이 이어져 있었다. 그늘 한 점 없는 사막 같은 길이 이어진다길래 비상식량과 물을 넉넉히 준비해 두었다.

시에나를 벗어나자 금세 오솔길이 나타났다. 저 멀리, 쭉 뻗은 도로 위로 자동차가 멋지게 내달리고 있었다. 고대 로마의 도로 '비아 카시아

(Via Cassia)'였다. 저 길을 따라 달리면 우리의 목적지인 로마까지 세 시간이면 닿을 것이다. 비아 카시아를 오른쪽에 두고 걷다가 좁은 오솔길을 따라가자 드넓은 아스팔트 차도와 공장단지가 나타났다. 순간, 순례길 표시가 사라져 잠시 길을 헤매기도 했다. 다행히 순례자들이 작고 귀여운 그림으로 친절히 순례자길 표시를 해둔 덕분에 숨은그림찾기 하듯이 즐겁게 중간 마을 이솔라 다르비아에 도착했다.

바에서 아침을 먹는 동안 익숙한 멜로디가 우리를 사로잡았다. 바로 방탄소년단의 신곡 〈버터(Butter)〉였다. 본인의 애창곡인지 주인아저씨가 걸레 자루를 쥐고 신나게 흥얼거리고 있었다. 케이 팝과 영화 〈기생충〉의 상영으로 이탈리아에 'K' 바람이 불어왔음을 실감할 정도로 한국 문화가 선풍적인 인기를 끌었다. 10대 소녀들이 직접 방탄소년단 굿즈를 만들어 입고 다니고, 나에게 제발 케이팝 CD를 구해달라고 메시지를 보내온 이탈리아 사람도 여럿 있었다. 한국어 열풍이 거세지고 2021년 베네치아 국제 영화제 심사위원장으로 봉준호 감독이 선정되기도 했다. 한류 바람이 불면서 '북쪽(Nord)'에서 왔니 '남쪽(Sud)'에서 왔니? 같은 질문은 거의 듣지 않게 되었고, '한국인'이라고 하면 선망의 눈빛을 보내는 사람들도 제법 늘어났다. 이렇게 작은 마을에서도 방탄소년단의 노래가 흘러나오고 심지어 사람들이 따라부르기까지 하다니. 해외에 살면 누구나 애국자가 된다고 하더니 그 말이 딱 맞았다. 방탄소년단이 마치 내 친구라도 되는 듯 기쁘고 반가웠다.

자꾸만 눈에 밟히던 비아 로마 표식

마치 자동차 CF 한 장면 같았던 토스카나 평야

마을을 벗어나자 토스카나 엽서 속에서나 볼법한 비현실적인 구릉 지대가 나타났다. 시에나부터 부온콘벤토에 이르는 이 지역은 '크레테 세네시(Crete Senesi, 시에나의 흙)'라고 불리는 황무지에 가까운 건조기후 지역이다. 농작물은 물론이고 사람이 살기에도 척박한 땅에 밀밭이 끝도 없이 펼쳐져 있었다. 바다의 퇴적물로 형성된 흙은 희다 못해 푸른 빛을 띠었고, 걸을 때마다 날리는 흙먼지가 눈과 코를 찔렀다.

이 사막 같은 길을 계속 걷다가는 말라 죽을 수도 있겠다 싶을 정도였다. 도대체 끝이 있기는 한 걸까. 그 끝을 만나야겠다고 생각하며 뚜벅뚜벅 걷다가, 사람이 걸을 수 있도록 다듬어놓은 길과 허리춤까지 자란 밀밭의 경계가 사라지는 어느 지점에서 길을 잃어버리기도 했다.

우리가 잘못 들어온 길은 비아 프란치제나 루트를 벗어난 개인 소유의 경작지였다. 말라비틀어진 뱀 가죽과 달팽이 껍데기가 여기저기 흩어져 있었다. 바닥은 쩍쩍 갈라져서 물을 뿌리면 그대로 다 빨려 들어갈 것만 같았다. 되돌아가기에는 너무 멀리 와버렸다. 저 멀리 있는 작은 도랑을 하나 건너면 다음 마을에서 합류해 제대로 난 길을 따라 걸을 수 있을 것 같았다. 폭이 가장 좁은 지점에서 남편은 훌쩍 쉽게 건넜지만 나는 거친 물이라도 만난 듯 초조했다. 몇 번이나 마음을 가다듬고 온몸을 날렸다.

도랑을 건너고 또다시 나타난 메마른 길을 걸어 '쿠나(Cuna)'라는 아주 작은 마을에 도착했다. 우거진 밀밭과 도랑을 건너느라 정신이 혼미해진 나는 정말 간절한 눈빛으로 남편에게 버스를 타고 싶다고 이야기

140

를 꺼냈다. 분명 안 된다고 할 줄 알았는데 의외로 흔쾌히 동의했다. 두 눈을 동그랗게 뜨고 남편의 의중을 파악하고자 그의 움직임을 유심히 바라보았다. 그가 안 된다고 하는 일에는 늘 타당한 이유가 있었고, 예스라고 답할 때마다 나는 그에 합당한 대가를 치러야만 했기 때문에 덜컥 겁이 났다.

현재 상황이나 감정에 충실한 나와 반대로 남편은 입에 발린 말을 하거나 과장하지 않고 지금의 상황을 객관적으로 직시하고 행동에 옮기는 사람이었다. 로맨틱과는 분명 거리가 멀지만 요동치는 나를 묵묵히 기다려주고 때로는 단호하게 맞서는 그에게 안정감을 느껴 결혼을 결심했다. 그러나 의견이 충돌할 때는 그의 칼 같은 단호함이 나를 더 흥분시키기도 했다. 이번에도 그가 '노'를 말하면 나는 목소리를 높여 싸울 참이었는데, 단번에 '예스'를 하자 분명 무슨 꿍꿍이가 있을 것만 같아 긴장을 놓을 수 없었다.

쿠나에서 폰테 다르비아까지 10킬로미터 구간만 버스를 타기로 했다. 걸으면 족히 3~4시간쯤 걸릴 거리인데 버스로 단 15분 만에 도착했다. 풍경이 빠르게 스쳐 지나가는 모습에 마음이 불편해서 눈을 질끈 감았다. 중간에 버스를 탄다고 해서 순례자로 인정하지 않는다는 규정은 없지만, 순례자라는 이름에 먹칠을 하는 것 같아 다시 돌아가 걷고 싶은 심정이었다.

버스를 탔을 때 내가 이렇게 불편한 마음을 가지게 될 것을 남편은 미리 알았던 걸까. 루카부터 로마까지 걸었다고 말할 때 부끄러움이 목 끝까지 차오르게 되겠지. 나는 버스에서 내려 죄인처럼 고개를 푹 숙이고 말았다. 우리는 서로 아무 말 없이 4킬로미터를 더 걸어서 부온콘벤토에 도착했다.

황무지에 가까운 건조기후 지역, 크레테 세네시

길을 잃었던 개인 사유지 밀밭

폰테 다르비아

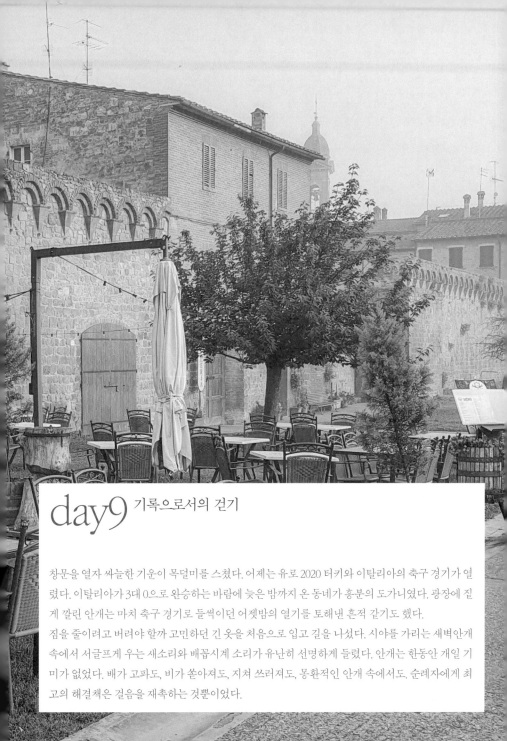

day9 기록으로서의 걷기

창문을 열자 싸늘한 기운이 목덜미를 스쳤다. 어제는 유로 2020 터키와 이탈리아의 축구 경기가 열렸다. 이탈리아가 3대 0으로 완승하는 바람에 늦은 밤까지 온 동네가 흥분의 도가니였다. 광장에 짙게 깔린 안개는 마치 축구 경기로 들썩이던 어젯밤의 열기를 토해낸 흔적 같기도 했다.

짐을 줄이려고 버려야 할까 고민하던 긴 옷을 처음으로 입고 길을 나섰다. 시야를 가리는 새벽안개 속에서 서글프게 우는 새소리와 배꼽시계 소리가 유난히 선명하게 들렸다. 안개는 한동안 개일 기미가 없었다. 배가 고파도, 비가 쏟아져도, 지쳐 쓰러져도, 몽환적인 안개 속에서도. 순례자에게 최고의 해결책은 걸음을 재촉하는 것뿐이었다.

내일 걸어야 하는 36번 코스는 이탈리아 순례길 전체 중 '난이도 최상'의 구간으로 악명높았다. 순례자들은 35, 36 두 코스를 3일에 걸쳐 걷거나 교통수단의 힘을 빌리기도 했다. 우리는 전날부터 4킬로미터씩 앞당겨 걸어서 무사히 일정에 맞추었다.

힘든 코스를 앞둔 오늘은 다행히 걷는 자들에게 친절한 구간이었다. 순례자로서 느낀 길에서의 친절함이란 쉴 곳, 먹고 마실 곳이 있고 멋진 풍경을 만날 수 있음을 뜻했다. 세계적으로 유명한 끼안띠 와인 산지를 양옆에 끼고 사이프러스 나무가 그늘을 만드는 길. 토레니에리(Torrenieri), 산 퀴리코 도르차(San Quirico d'Orcia) 같은 멋진 소도시를 거쳐 반뇨 비뇨니(Bagno Vignoni)에서 족욕으로 하루의 피로를 풀면서 마무리하는 코스. 써놓고 보니 파라다이스인 것 같지만, 걷기엔 물론 만만치 않은 길이었다.

부온콘벤토 마을에서 직선으로 난 길을 따라 성벽 밖으로 나갔다. 새벽인데도, 장이 열릴 준비가 한창이었다. 모두가 잠든 시각 깨어있는 이들이 흘리는 땀방울은 남다른 데가 있었다.

148

나의 부모님은 주말도 없이 매일 오전 6시만 되면 공장으로 출근했다. 육체적으로 힘든 일이었지만, '땀 흘려 성실히 번 돈'으로 우리 남매를 부족함 없이 키워내셨다. 마을의 분주한 새벽이 마치 우리 부모님이 평생 바쳤던 노동 현장인 것만 같았다. 그저 걷기만 하면 되었던 나는 차가운 공기 속에서도 얼굴이 화끈거렸다.

새벽은 도시의 민낯을 보여주기도 하지만 사실은 나의 민낯을 마주하는 성찰의 시간이었다. 코로나라는 일시적 어려움 앞에서 새벽에 일어나 움직일 시도조차 하지 않고 입으로만 힘들다고 외치고 있었구나, 누구보다 많이 누리고 사랑받고 살았으면서 주변 상황 탓만 했구나. 성실하다는 말로도 부족한, 성스럽기까지 한 사람들은 매일 새벽 각자 몫의 땀을 흘렸다. 이른 아침을 여는 이들의 근면함과 거리의 의연함을 느끼면서 나도 묵묵히 걸음을 옮겼다.

안개 낀 부온콘벤토

150

부온콘벤토 기차역을 건너 주거 지역으로 들어서자 이른 새벽의 고요함이 도드라지면서 갑자기 외로움이 훅하고 밀려왔다. 옆에 있던 남편 손을 꽉 붙잡았다. 그는 남사스럽다는 표정을 지으면서도 뿌리치지는 않았다. 그렇게 안개가 사라질 때까지 우리는 손을 잡고 걸었다.

자욱한 안개 속에서 만난 붉은 개양귀비 물결은 인상파 화가의 그림을 연상시켰다. 한 치 앞도 보이지 않는 안개 속의 분위기조차 신비로웠다. 사진기가 없던 시절, 글 또는 그림으로 장소나 현상을 묘사했을 예술가들에게 계절별로, 시간과 날씨에 따라 다른 얼굴을 내어주는 토스카나는 분명 많은 영감을 주었을 것이다.

아침 8시가 넘어서야 밀도 높은 안개가 한 번에 사라지면서 시야가 깨끗해졌다. 물기를 머금은 초록, 노란 태양, 길가에 흐드러진 붉은 개양귀비와 번갈아 시선을 맞추며 걸었다. 저 멀리 어제 다녀온 해발 560미터에 있던 마을 몬탈치노가 보였다. 이 길에는 지금까지와는 비교도 안 될 규모의 포도밭이 끝없이 펼쳐져 있었다.

초등학교 입학 직전까지 대추 농사를 지으시던 조부모님과 함께 살았던 나는 농촌 풍경이 익숙했다. 하지만 이런 거대 기업 형태의 농사, 말하자면 포도를 따는 할아버지가 페라리 스포츠카를 몰고 다니는 부유한 농촌은 처음이었다. 포도 농사로 이탈리아에서 세금을 가장 많이 내는 부자 동네가 되다니. 이탈리아 와인은 고부가가치 산업임이 틀림없다.

우리 할아버지는 이른 새벽부터 늦은 밤까지 허리 한 번 펴지 못하고 일을 해도 늘 돈 걱정뿐이었다. 자식들을 공부시켜 도시로 내보내고도 평생 일만 하셨다. 돈이 된다는 작물로 바꿔가며 농사를 지었지만, 빚만 계속 쌓였다. 이들이 포도 농사와 와인 생산만으로 한 세기 동안 명맥을 유지해왔고 대대로 부를 축적하고 있다는 사실이 놀라웠다. 자부심마저 대단했다.

우리는 와인을 수확하는 계절이면 발폴리첼라, 토스카나 지역의 와이너리를 몇 군데 방문하여 그해에 생산된 와인을 마셔보고 직접 구매하기도 했다. 가문의 이름을 걸고 내 아버지, 내 할아버지가 유지해온 방식대로 이어가는 와이너리들을 방문할 때마다 경외감마저 들었다. 이 길에는 트리체르키(Tricerchi), 카파르초(Caparzo)처럼 이탈리아의 유서 깊은 와이너리들과 그들이 소유한 농장이 있다. 순례길에 있는 와이너리를 방문하는 것도 좋은 경험일듯 했다. 내가 지나쳤던 카르파초 와이너리는 8유로에 순례자 메뉴(물, 와인, 샌드위치)를 제공했다.

유서 깊은 카파르초 와이너리

포도밭

토레니에리 마을에서 잠시 쉬면서 늦은 아침을 먹었다. 마을 사람들은 낯선 동양인 두 명이 커다란 배낭을 메고 지나는 모습을 보면서 방향을 일러주거나 손을 흔들었다. 와인으로 부자가 된 마을이라서 그런지 사람들의 표정과 몸짓에도 여유가 넘쳤다.

우아한 노천카페에서 오렌지 주스를 벌컥 들이켜고 다시 걸음을 옮겼다. 토레니에리에서 산 퀴리코 도르차까지는 통행량이 거의 없는 아스팔트 도로였다. 포장도로의 열기에 녹아내릴 지경이었지만 다행히 탁 트인 시야와 멋진 발 도르차의 풍경에 위안이 됐다. 사이프러스 나무, 황금빛 밀밭. 노란색 지네스트라(Ginestra) 꽃이 달콤한 향기를 뿜어내는 길이었다.

발 도르차 평원은 토스카나 남부의 넓은 계곡에 위치한 구릉지대로, 유네스코 세계 문화유산으로 지정되었다. 부드러운 초록색 능선이 파도를 이루고, 올리브밭, 포도밭, 사이프러스 나무, 아그리투리즈모(Agriturismo)라고 불리는 농가 민박이 장난감처럼 점점이 박혀 있었다. 그 아름다운 평원을 내내 걸어 해발 400미터가 넘는 곳까지 꾸역꾸역 올라가게 될 줄은 꿈에도 몰랐다.

산 퀴리코 도르차는 전문 사진작가들도 욕심내는 이탈리아의 아름다운 소도시 중 하나이다. 마치 중세 시대를 배경으로 하는 영화의 세트장 같은 분위기였다. 르네상스 시대 전형적인 정원의 모습을 갖춘 호르티 레오니니(Horti Leonini)는 여전히 잘 보존된 채 일반 관광객들에게 매일 공개되고 있었다. 마을은 작고 관광객들로 넘쳐났지만, 너무 상업적이지 않게 정도를 지키려는 느낌을 주었다. 랄프로렌 스타일의 옷을 차려입고 금발을 휘날리며 영어를 구사하는 대부분의 관광객은 하나같이 영화배우들처럼 멋있고 예뻤다. 마치 토스카나의 농가 민박에서 프라이빗한 휴가를 즐기는 유명인사들 같았다. 나는 일광 화상으로 온몸에 물집이 터져버렸고, 땀내 나는 등산복 차림이었지만 세련된 집단을 의식하지도, 주눅들지도 않았다.

단테 알리기에리 길(Via Dante Alighieri)을 따라 걷다 보니 어느새 마을의 중심인 리베르타 광장(Piazza della Libertà)에 도착했다. 우리는 산 프란체스코 성당(Chiesa di San Francesco)을 마주 보는 식당에서 돼지고기 구이가 올라간 빵 한 조각과 붉은 포도주를 연달아 들이켰다. 저렴한 테이블 와인이었는데도 와인산지답게 맛이 훌륭했다. 낮술은 역시 취기가 빨리 오르는 듯했다. 그래도 걷고 난 후에 마시는 달콤한 술은 자양강장제만큼이나 급속 충전이 되었다. '순례길'이 아니라 '술례길'이라 할 정도로 특히 낮술의 매력에 흠뻑 빠졌는데, 생각해보면 그 알딸딸한 알코올의 기운이 길을 끝까지 걷게 한 가장 큰 동력이 아니었다 싶다.

언덕 위의 마을, 비뇨니(Vignoni)를 거쳐 순례자들의 휴식처인 반뇨 비뇨니 마을에 도착했다. 반뇨(Bagno)는 이탈리아어로 '목욕'이라는 뜻이다. 지금도 온천수가 솟아나는 사각형의 온천욕장을 기준으로 사방에 식당과 바, 호텔이 둘러싸여 있고, 마을 입구에는 2천 년 전의 야외 온천 시설이 그대로 남아있다. 유황 냄새가 진동하는 따뜻한 온천물이 흘러 누구나 무료로 족욕을 즐길 수 있었다.

우리는 연애 시절부터 여름만 되면 반뇨 비뇨니 또는 근처에 있는 반니 산 필리포(Bagni San Filippo) 같은 무료 온천을 찾곤 했다. 그곳에서 처음으로 데이트를 하며 떨리는 마음으로 손을 잡았던 기억, 첫 번째 커플링을 잃어버리고 안절부절못했던 일… 풋풋했던 감정이 아지랑이처럼 피어올랐다. 그때는 사랑이라는 감정에 취해 사진 한 장 남기지 않았는데, 같은 장소에 다시 선 순간 선명하게 기억이 되살아났다.

여행은 기록하는 것일까, 기억하는 것일까? 기록이 기억을 이긴다고 생각해왔었다. 그러나 때로는 기록으로 남기지 않은 기억이 더 강렬하게 남을 때도 있었다.

지금까지의 여행은 대부분 내가 기록한 사진 프레임으로 기억하는 경우가 많았다. 철저하게 계획하고 구상했으며, 돌발 상황이 생기는 것을 극도로 꺼렸다. 잊어버리지 않기 위해, 때론 자랑하기 위해, 다시 쳐다보지도 않을 사진을 수백 장씩 의미 없이 찍어댔다. 사진이 없으면 내가 그때 그곳에 다녀왔는지조차 잊어버리는 일도 많았다.

걷는 여행은 달랐다. 반짝이는 순간을 지독하게 포착하려고 시도하지 않아도 그 자체가 강렬한 기록이자 기억이 되었다. 걸으면서 맡았던 비릿한 흙냄새, 구름이 걸린 나무 한 그루, 안개 속에서 느꼈던 남편에 대한 고마운 감정들이 아직 유효한 것을 보면 걷기는 선명한 기록이자 마음을 훨씬 풍요롭게 하는 행위임이 분명하다.

산 퀴리코 도르차

반뇨 비뇨니 무료 야외 온천

157

반뇨 비뇨니

day10 멈추지 않기 위해 걷는다

로마까지 계속 걸을지, 여기서 멈출 지 결단을 내려야 했다. 계속 걷는 쪽으로 99퍼센트 마음이 기울었지만 심상치 않은 몸 상태에 1퍼센트가 걸렸다. 아침에 눈을 떠 내 몸을 더듬어 보다가 발가벗은 채 거울 앞에 섰다. 며칠 동안 직사광선을 때려 맞은 양팔과 다리가 화상을 입어 하얀 물집이 올라오고 있었고, 엉덩이 아래부터 발목까지 마치 온몸에 독소가 빠져나가는 것처럼 붉은 반점이 번지고 있었다. 우스꽝스럽다기보다 안쓰러운 몸뚱이였다. 아무리 응급실이라도 급하지 않은 환자는 족히 4~5시간은 기다려야 하는 이탈리아 시스템을 잘 알아서 처음부터 병원 치료는 배제했다. 약국에서는 대수롭지 않다는 듯 열을 내려주는 알로에 젤과 비타민 섭취를 권해줄 뿐이었다. 스스로 몸을 혹사하고 있는 것은 아닌지 걱정이 되었다. 그저 비타민에 의지해 내 몸이 스스로 잘 회복하기를, 제발 끝까지 잘 버텨주기를 바랄 뿐이었다.

반뇨 비뇨니-라디코파니

28킬로미터

우리가 걸었던 구간 중 가장 난이도가 높은 코스. 어제 4킬로미터를 미리 걸어두지 않았더라면 아마 36번 코스를 이틀에 걸쳐 걸어야 했을 것이다. 다리에 힘이 생겨 평지를 걷는 것쯤은 괜찮았지만, 오르막길은 정말 지옥 같았다. 비아 프란치제나를 걸으면서 알게 된 이탈리아인 '레오나르도'는 자신의 블로그에 유일하게 다른 사람의 차를 얻어 타고 올라갔을 정도로 힘든 구간이라고 기록해 두었다.

정말 그랬다. 마음을 단단히 먹고 출발했지만, 처음부터 시작된 오르막길에 숨이 턱 막힐 지경이었다. 어제 반뇨 비뇨니에서 족욕을 하면서 멀리 산꼭대기에 멀뚱히 서 있는 요새를 보았다. 제발 우리가 저 요새는 거쳐 가지 않기를. 바람과 달리 길은 산꼭대기 그 요새 쪽으로 점점 다가가고 있었다.

반뇨 비뇨니에서 보았던 요새는 로카 도르차(Rocca d'Orcia)였다. 그 너머에 있는 카스틸리오네 도르차(Castiglione d'Orcia)라는 마을에서 아침 식사를 할 예정이었다. 순례길 루트상으로는 들르지 않고 지나가도록 되어 있지만, 라디코파니(Radicofani)까지 먹고 마실 것을 살 수 있는 곳이 없어서 요깃거리도 사야 했다. 걸어 오르는 내내 거친 욕이 절로 나왔다.

사람만이 아니었다. 안쓰럽기는 자동차도 마찬가지였다. 마을 입구를 오르는 작은 차들은 가파른 경사에 금방이라도 뒤집힐 것처럼 헐떡였다. 반대쪽 차들도 느린 거북이처럼 조심히 기어 내려갔다. 도대체 어떻게 이런 높고 가파른 곳에서, 말하자면 극한 상황에서 수 세기 동안 삶이 지속될 수 있었을까! 신이라는 존재가 흙으로 빚어내듯이 만들어 놓지 않았을까 상상해 보았다.

길은 힘들었지만, 카스틸리오네 도르차는 지금까지 만났던 중세 시대의 요새 마을과는 전혀 다른 신비한 매력을 뿜어내고 있었다. 마을의 좁은 골목길도 계속해서 오르막길로 이어졌고, 몸집이 작은 삼륜 자동차와 붉은색 돌집들이 비스듬한 경사면에 옹기종기 모여 있었다. 멋있고 예쁘게 보이고픈 시늉조차 하지 않은 모습이었지만 그 수수한 모습이 오히려 매력적이었다. 우직한 사각형 건물은 창문도 일정하지 않게 마구잡이로 뚫려 있었고 집집마다 발코니가 없어 꽃과 나무들은 돌집을 휘감아 하늘로 솟아오르고 있었다. 다양한 색깔의 꽃이 일정한 패턴으로 기어오르는 모습은 화려한 명품 스카프를 두르고 있는 인간의 흉상 같았다. 형형색색의 꽃과 덩굴은 자칫 오래되어 삭막해 보일 수 있는 마을에 세련된 분위기를 더해 주었다.

당사자가 최고라고 아우성치지 않아도 느껴지는 고상한 분위기. 중심 광장의 오래된 돌바닥과 우물, 그 주변을 둥그렇게 둘러싸고 늘어선 붉은 돌집들은 옛날로 온전히 돌아간 듯 중후한 느낌마저 주었다. 세월의 흔적, 낡고 닳은 것이 얼마나 소중한 가치를 지녔는지 마을 전체가 힘주어 말하고 있는 것 같았다. 매번 새로운 것으로 바뀌는 삶을 지향해온 나에게 오래된 것의 가치를 깨닫게 해준, 통쾌한 장면이었다.

아침 식사를 하기 위해 들른 바 앞의 분수대에서 풍성한 물줄기가 솟아올랐다. 힘들게 오른 토스카나의 구릉이 발아래 펼쳐져 있었다. 가야 할 길이 멀어 오래 머물지 못했지만 이런 보석 같은 마을을 발견했다는 사실에 나는 한참 동안 가슴이 뛰었다. 그 자리가 언제까지라도 잘 있어 주길 바라며, 떠나는 순간에도 아쉬워 발이 안 떨어졌다. 어디선가 중세 시대 복장을 한 사람들이 튀어나올 것만 같아서 계속 뒤돌아보기도 했다.

언젠간 꼭 한 달쯤 머물러야지. 내가 이렇게 흥분해 있는 동안 남편은 시큰둥했다. 그는 도시 여행을 추구하는 사람이다. 뉴욕이나 중국 상하이쯤은 가야 지금 나를 이해할 것이다.

카스틸리오네 도르차 마을

반뇨 비뇨니에서 맞이한 아침

마을을 떠나 계속 걷는 동안 그늘 한점 없는 뜨거운 날씨가 지속되었다. 다행히 쉬어갈 수 있는 의자와 식수대를 만났다. 벅차게 아름답지만 매일 만나는 토스카나의 풍경이 익숙하다 못해 지겨워지려던 참이었다. 계속해서 흙길을 걷다가 통행량이 많지 않은 아스팔트 길을 만나고부터는 은근한 오르막이 이어졌다.

4차선 도로에서 마실 물이 다 떨어졌다. 나는 또 울상을 지으며 땀을 뻘뻘 흘리고 있었고, 남편은 구글 지도를 켜고 주변을 살폈다. 이미 오후 1시 30분이 넘었는데 목적지까지는 아직 8킬로미터나 남았다. 체력도 바닥나고 있었다. 지금부터는 오르막을 굽이굽이 휘감는 'S자형 도로'를 걸어 해발 814미터의 마을에 도달해야만 했다. 앉아서 쉴 곳은커녕 그늘 한 점 허락되지 않는 통행량이 많은 도로의 오르막길이었다. 아스팔트 열기가 아지랑이처럼 피어올랐다. 바닥이 내 발목을 잡아끄는 것만 같아 자꾸 고꾸라졌다.

나는 이 길이 정말 죽도록 미웠다. 순례길을 떠나온 것을 처음으로 후회했다. 사람에게서 이렇게 지독한 쉰내가 날 수 있나 싶을 정도로 땀을 쏟았다. 도저히 땀이라고 핑계 댈 수도 없을 정도의 굵은 눈물방울이 볼을 타고 뜨겁게 흘러내렸다. 감정이 메마르고 극단적이기까지 했던 나는 차라리 여기서 죽어버렸으면 싶기도 했다. 이 길을 떠나온 내가 한심해 미칠 노릇이었다. 무슨 부귀영화를 누리겠다고 내 돈 써가며, 몸 망가져 가며, 이 길을 걷고 있을까. 이성을 잃고 남편을 향해 온갖 저주를 퍼부었다.

"모든 시작은 결국 당신 때문이야. 피도 눈물도 없는 당신이란 인간 때문에 내가 죽게 생겼다고. 지금 당장 택시를 불러주지 않으면 나는 한 발짝도 움직이지 않을 거야!"

극한의 상황에서조차 남편은 냉정하다는 생각이 들 만큼 침착했고 빠른 결단을 내리고 행동했다. 한마디 다독임은커녕 아무런 대꾸도 하지 않고 그는 내 가방을 뺏어 매고는 묵묵히 앞으로 걸어 나갔다.

목석같은 남편을 보고 있자니 또 부아가 치밀어 혼자서 어쩔 줄을 몰랐다. 일요일 오후 3시. 지금 우리는 주말이면 마을버스조차 다니지 않는 시골 중에서도 시골 마을을 걷고 있었다. 택시를 부른다 한들 족히 30킬로미터는 떨어진 마을에서 올 것이고, 설사 그렇게 택시가 온다 한들 나라는 인간은 결국엔 걷게 되리라는 것을 그는 이미 알고 있었다.

내가 머뭇거리는 동안 그는 어느새 저만치 앞서 있었다. 나도 벌떡 몸을 일으켜 그의 뒤를 쫓았다. 한마디 불평도, 내 말에 대한 대꾸도 없이 앞뒤로 20킬로그램에 달하는 배낭을 메고 걷는 사람 뒤통수에다 계속해서 불평만 늘어놓을 수는 없었다. 땀이 주체할 수 없이 흘러 바닥까지 적시고 있는 남편에게서 배낭을 뺏어 메고 오르막길을 묵묵히 걸었다.

실제로 존재하는 마을일까. 아무리 걸어도 형체조차 보이지 않다가 3킬로미터 남짓 남겨두고 조금씩 드러나기 시작했다. 눈에 집힐 듯 목적지가 보이는 것과 보이지 않는 것은 차이가 컸다. 말로만 듣던 라디코파니가 보이기 시작하자 마지막 죽을힘을 쥐어 짜내 성큼성큼 기어

올랐다. 가닿기만 하면 된다고, 온갖 신에게 기도하면서 드디어 라디코파니에 도착했다.

도대체 어떻게 생겨 먹은 마을인지 얼굴이나 보자. 할 수 있는 욕이란 욕은 입 밖으로 모두 토해내었다. 거친 욕을 내뱉어도 아무도 우리말을 알아듣지 못한다는 것이 얼마나 다행인지 모르겠다. 토스카나 구간의 종착지라는 것 외에 이 마을에 대해서는 눈곱만큼의 기대도 없었다. 마치 정복의 대상 같았고, 성취감만이 우리를 지배할 뿐이었다.

마을에서 처음으로 만난 바에 들어갔다. 사람들에게 여기까지 걸어서 올라왔노라고 말하자 놀란 토끼 눈을 하고서는 온갖 과한 제스처와 칭찬으로 우리를 치켜세워주었다. 붉은 돌집의 발코니에는 집마다 누가 예쁜 꽃을 가꾸나 경쟁하듯 생생한 꽃이 만발해 있었다. 고양이들은 마치 잘 아는 친구를 만난 것처럼 사람에게 태연하게 몸을 부대끼며 가까이 다가왔다. 동네 주민들을 위한 공원에는 초록색 나무와 잔디가 무성했고 높이 올라온 만큼 눈앞에는 멋진 토스카나의 풍경이 우리를 반겨주었다.

어스름한 저녁 무렵이 되자 종소리에 맞춰 사람들은 미사를 드리기 위해 성당으로 몰려가고 일부 젊은이들은 바에서 흘러나오는 음악 소리에 살랑살랑 몸을 맡겼다. 그들을 바라보면서 좋아하는 맥주를 넘기다가 목이 메어 주르륵 눈물을 흘리고 말았다. 고달팠다. 멈출 수 있다면 멈추고 싶었다. 애초에 목표가 여기까지였으니 그만해도 된다고 달콤한 악마가 속삭이는 듯했다. 그만하겠다고 선언하기만 하면 되는데 나는 왜 눈물을 흘리고 있었을까?

걷다 보면 계속 나아가야 할 길이 아주 명확하게 보였다. 매 순간 포기하고 싶었지만 편안하기 위해 떠나온 길이 아니었다. 매일 아침 내가 찾고 부르짖었던 신은 내가 감내할 수 있을 만큼의 고난만 주고 있으니 어찌 신의 존재를 부정할 수 있겠는가.

다시 일어나 걷는 행위는 마치 내가 지금 살아있음을 증명하는 것과도 같았다. 지금까지의 숱한 경험이 일러준 것처럼 행동하면 후회는 남을지언정 후퇴하지 않은 내가 남는다. 그러니 다른 이유를 찾지 말고 계속해서 묵묵히 걷자고, 이미 스스로 답을 내리고 있었다.

한참을 울고 정신을 차리고 보니 먹고 자고 걷는 단순한 일과를 다시 반복할 수 있다는 사실이 깊은 안도감으로 다가왔다. 생각해보면 나는 걷는 행위가 주는 단순한 깨우침의 순간을 좋아했다. 살아 있다는 것 말고는 사실 그 무엇도 의미가 없다는 것을 일러주어 아차 하게 만드는 순간. 지극히 사소한 일과 촘촘한 삶의 계획들이 아무 소용이 없어지는 순간들. 결국에 남는 것은 사랑이구나. 깨우친 순간들.

마음속으로 정해진 목적지를 되새기는 동안 해가 머리 뒤로 넘어가고 서늘한 바람이 뺨을 스쳤다. 걷는 동안 계속 따라오라고 손짓하던 구름이 바람을 따라 사라졌다. 내일 하루 이곳에서 재정비의 시간을 보내고 또다시 그들처럼 흘러가야겠다. 그저 멈추지 않기 위해서. 후퇴하지 않는 나를 위해서.

숙소에 돌아와서 보니 내 힘든 감정에만 집중하느라 사진 한 장 찍을
여력이 없었는데 남편은 그 와중에도 사진과 영상으로 꼼꼼히도 기록
해 두었더라.

라디코파니 마을

라디코파니 도착 후 쏟아진 눈물

day11 중간 점검

성지 순례길을 걷기로 했을 무렵의 나를 돌이켜보면 마음속에 원망과 분노가 가득했다. 코로나 상황이 싫었고, 그로 인해 '돈' 걱정을 해야 하는 내가 싫었고, 마음의 여유가 사라지자 점점 이기적으로 변해가는 주변 사람들이 싫었다. 밑바닥까지 드러난 인간의 본모습을 보면서 매일 화가 나 잠을 이룰 수조차 없었다. 내가 조금 더 여유가 있어 선한 마음으로 도운 일이 부메랑이 되어 내 목을 그으려고 달려들었다. 철저히 이용당했다는 생각에 주체할 수 없이 눈물이 흘렀다. 서러움이 목 끝까지 차오른 순간 순례길을 결심하고 걷게 되었다.

걷는 동안 나에게 오롯이 집중하면서 모든 인간이 불완전하다는 인정했다. 보이는 것이 전부는 아니며 모두가 저마다의 짐을 짊어지고 있다는 것, 세상에 완벽히 무해하기만 한 사람은 없다는 것도. 그러자 한동안 나를 괴롭히던 타인에 대한 원망이 사라지고 연민의 감정이 피어올랐다. 그래 그 사람도 다 이유가 있었을 거야. 마치 나와 타인을 더 사랑해 주라고 말하는 것 같았다. 부정적인 감정에 집착하느라 행복하기만 해도 모자란 내 삶을 낭비하고 있었구나. 털어내지 못한 것이 있다면 이 길에 다 내려놓고 가리라 다짐했다.

인간은 역시 적응의 동물이었다. 눈을 뜨니 새벽 5시 30분. 뒹굴뒹굴 침대 위를 구르다가 다시 시계를 봐도 겨우 6시. 출발하고도 남았을 시간에 내 집도 아닌 남의 집 침대에서 누리는 여유가 어쩐지 달갑지만은 않았다. 걷지 않는 오늘은 걷는 동안 드러나지 않았던 모든 걱정이 한꺼번에 튀어나와 머릿속을 어지럽히는 것 같았다. 의료 보험증 갱신, 이사할 집 찾기, 이탈리아어 시험, 뙤약볕에 말라죽어 가고 있을 우리 집 올리브 나무… 어제까지만 해도 죽어도 못 걷겠다 싶더니 가득 들어찬 걱정거리들 때문에 다시 짐을 챙겨 걷고 싶어졌다. 이 와중에도 천하태평 남편은 코를 골고 있었다. 얼마나 고단했을까 싶어 그냥 뒀더니 아침 9시까지 통잠을 잤다.

오늘은 우리가 유일하게 여유를 부릴 수 있는 날이었다. 토스카나 주에서 라치오 주로 이동하기 전에 라디코파니에서 온전히 머물기로 했다. 말하자면 다시 시작하기 위한 몸과 마음의 재정비 시간이었다.

남편은 잠에서 깨어나자마자 짙은 눈썹을 한참 휘저으며 핸드폰 화면을 들여다보았다. 그러다 갑자기 결심했다는 듯 오늘은 다른 숙소로 옮겨야겠단다. 나의 로망인 이층집에 안락하기까지 한 숙소가 나는 너무 좋은데 도대체 왜?

그가 말하는 이유는 첫째, 새로운 도시에서 다양한 숙소 컨디션을 경험해 보아야 한다. (가이드라는 직업적인 특성상 그는 다양한 호기심을 충족해야만 직성이 풀렸다) 둘째, 오늘은 주말이 아닌 월요일이기 때문에 비슷한 컨디션에 더욱 저렴한 숙소들이 많다. 셋째, 아무리 비대면 시대라 해도 지금의 집주인은 나타나지 않은 채 열쇠의 위치만 알려주었고 소통도 원활하지 않았다는 것. 빈틈없는 모눈종이처럼 꼼꼼한 남편 덕분에 지금까지 여행에서 불만족스러웠던 숙소는 손에 꼽을 정도였다. 곧바로 점찍어둔 몇 군데 중에서 가장 가까운 곳으로 예약을 마쳤다. 짐을 옮기기 전 고양이 세수를 하고 아침 식사를 하기 위해 집을 나섰다.

월요일은 이 동네의 카페테리아나 식당들이 대부분 문을 닫기 때문에 카푸치노 한 잔을 마시려고 십여 분을 걸어서 동네 초입에 있는 가게까지 갔다. 덕분에 어제 못한 동네 구경으로 아침을 시작했다. 전혀 기대 하지 않았던 마을이었고 속으로 무지막지하게 욕을 했는데, 나는 왠지 낭만이 흐르는 이 도시가 맘에 들었다. 사람 마음이 참 가벼웠다. 부침개 뒤집듯이 이리 쉽게 뒤집히다니. 아무것도 하지 않아도 되는 오늘. 정말 아무것도 하지 않고 나태하게 보내야겠다고 생각했다.

아침을 먹고 숙소로 돌아오는 길, 먼저 약국에 들렀다. 약사에게 만신창이가 된 내 두 팔을 보여주었다. 피부 껍질이 벗겨져 새살이 돋아나야 하는데 지속해서 태양에 노출되다 보니 커다란 물집이 생겨서 흉하기까지 했다. 태양에 의한 화상이라 반드시 병원에 가야 한다며 일시적인 연고 처방을 해주었다.

우리는 공원에 앉아 정성스럽게 서로에게 약을 발라주었다. 미우면서도 고맙고 안쓰러운 존재. 없으면 허전하고 옆에 있으면 귀찮기도 한 존재. 나이가 들어서도 내 옆을 지켜줄 유일한 존재. 그런 존재인 그에게 정작 애정을 표현하기란 왜 이리 쑥스러운 걸까. "나보다 더 오래 살아. 이 양반아." 퉁명스럽게 한마디를 던지고서는 괜히 결혼반지를 만지작거려 보았다.

어려운 시기를 함께 겪으며 인생에서 가장 큰 선물이 배우자라는 사실을 깨달으면서도 표현하는 일은 여전히 어려웠다. 한없이 사랑스럽다가도 남인 듯 냉정해지는 그에게 오만 정이 다 떨어질 때도 있지만, 함께였기에 이 시기를 버틸 수 있었음도 부정할 수 없다. '굶기지 않겠다.'라는 현실적인 발언으로 나를 유혹했던 그가, 그리고 그 꼬임에 넘어간 내가 함께라면 어떤 어려움도 이겨낼 수 있겠다 싶었다. 수십 년을 함께 한 노부부처럼 서로에게 파스를 붙여주며 우리는 다시 한 번 결의를 다졌다.

새로 옮겨갈 숙소에 미리 짐을 맡겨두고 본격적으로 동네 산책에 나섰다. 라디코파니는 발 도르차 평원 남쪽 경계의 해발 약 900미터 언덕에 있는 중세 시대의 중요한 요새 마을이다. 산 피에트로 성당(Chiesa di

San Pietro) 앞 시민공원에 앉자, 우리가 걸어온 발 도르차! 그 비단 같은 녹색 평원이 눈앞에 그림처럼 펼쳐졌다. 뻥 뚫린 풍경 아래서 수다를 떠는 사람들을 보고 있자니, 이곳은 코로나와는 전혀 관계가 없는 마을인 듯 평화롭게 느껴졌다. 뜨거운 햇살이 내리쬐어도 커다란 나무가 그늘을 드리워 종일 나른하게 쉴 수 있는 공원이었다.

9월 첫째 주에는 마을 사람들이 중세 시대 옷을 입고 스포츠 경기, 퍼레이드 등을 하는 비곤조(Palio del Bigonzo)라는 가장 큰 축제가 열린단다. 그러고 보니 붉은색 돌집이며 알알이 박힌 돌바닥 그리고 웅장한 요새까지 마을 분위기가 심상치 않았다. 웅장하다 못해 강인하면서도, 곳곳에 순례자들을 위해 그려진 귀여운 손 그림과 특색 있는 표지판들 덕분에 걷는 내내 웃을 수 있었다. 마을 사람들과 상인들이 순례자들과 잘 어우러지고 상업적으로도 적절히 이용하고 있었지만 다른 관광 도시처럼 거부감이 들지는 않았다. 합리적인 가격, 고즈넉한 분위기는 여행으로도 다시 찾고 싶은 마음이 들 정도로 좋았다. 마을 구석구석 여러 바퀴를 걸으면서 어제 만났던 동네 사람들과 찡긋 눈인사를 주고받기도 했다. 어떤 사람들은 갑자기 나타난 아시아인 커플을 '뚫어져라' 쳐다보기도 했는데 순수한 호기심의 눈빛은 전혀 불쾌하지도 두렵지도 않았다. 오히려 내가 먼저 다가가 "부온 조르노(Buon Giorno, 좋은 아침이에요)" 하고 인사를 건넸다.

순례자들은 걷기 위해 떠나고, 동네 사람들과 우리만 남았다. 몇 바퀴를 연거푸 걸었더니 길치인 내 눈에도 길이 훤히 보일 정도였다. 점심을 먹고 마을 사람들이 그토록 자랑스러워하는 우뚝 솟은 요새(Fortezza di Radicofani)에 올랐다. 주민들은 그 누구도 넘볼 수 없는 철옹성, 요새 위에서 바라보는 모습이 '세상에서 가장 아름다운' 풍경이라고 여러 번 강조했다. 별 기대는 없었지만, 얼마 지나지 않아 그 말의 의미를 인정할 수밖에 없었다.

890미터 높이의 꼭대기에 올라서자 흘러내리던 땀이 적당한 바람에 금방 식었다. 휘날리는 머릿결이며 거친 숨소리가 전혀 신경 쓰이지 않을 만큼 황홀한 풍경이 펼쳐졌다. 그 어떤 적의 침략도 금세 알아차렸을 법한 위치에 있는 요새에서는 360도 다양한 각도로 풍경을 조망할 수 있었다. 끊임없이 펼쳐진 발 도르차 평야를 내 두 다리로 가로질렀다는 사실에 까무룩 정신이 혼미해지기까지 했다.

깊이 들수록 더 멀어져만 가던 길, 그 끝에서 나는 다시 시작을 다짐했다. 내일이면 평야를 정반대로 가로질러 로마로 향할 것이다. 물기를 머금어 잔뜩 흐린 하늘은 회색빛을 띠고 있었다. 마치 다시 걷겠다는 내 결심을 지지해 주는 듯한 결연함과 의지가 느껴졌다.

새로 예약한 오늘의 숙소는 아담한 복층 구조의 집이었다. 내부는 어제까지 누가 살다가 떠났나 싶을 만큼 이탈리아 사람들이 사는 집 그대로의 모습이었다. 주방 식기며 장식품, 벽을 가득 메운 그림과 가족사진, 레이스 식탁보까지 모두 사랑스러웠다. 바닥은 반짝반짝 빛이 났고 침실에는 기분 좋은 향기가 났다.

주인 파우스토는 반짝이는 민머리에 새하얀 피부의 소유자였다. 웃는 인상에, 만화에서나 나올법한 통통 튀는 제스처가 인상적이었다. 그는 마치 사람이라는 존재를 오랜만에 만난 것처럼 만나자마자 우리에게 다양한 이야기를 마구 쏟아냈다.

알고 보니 파우스토는 한국인들과 다양한 인연이 있는 사람이었다. 체크인을 마치고 귀중한 선물을 꺼내 보여주었는데, 다름 아닌 한국 전통 자개 보석함과 부채였다. 4년 전 이 작은 시골 마을에서 한국 앙상블 팀의 연주회가 열렸고, 그 한국팀이 바로 이 집에서 머물렀다는 것이다. 또 있다. 20년 전에는 집 근처에 살던 이웃이 한국인이었는데 라디코파니 남자와 결혼한 성악 유학생으로 노래를 아주 잘 불렀단다. 큰딸의 이름이 '큰별'이라고 똑똑히 발음하기까지 했다. 이런 깊은 인연 덕분에 주인아저씨뿐만 아니라 그의 가족들도 한국 사람인 우리를 살뜰히 챙겨주었다.

나를 한국인이라고 소개하면 아직도 북한이냐 남한이냐에 대한 질문을 받는 현실에서, 한국인에게 좋은 감정을 가지고 격한 환대를 해주는 이들을 만나기란 쉽지 않았다. 더군다나 기차역도 없고 하루에 버스도 몇 대 다니지 않는 해발 800미터 꼭대기의 낯선 마을에서 한국인의 흔적을 찾게 될 줄은 상상도 못 했다. 이탈리아를 소개하는 어느 소도시 여행 책자에서도 '라디코파니'를 본 석이 없었다. 그래서 더 특별했고 좋은 인상을 남겨준 사람들이 고마웠다.

순례길을 다녀온 후 인터넷에서 그들을 찾았다. 내 마음속에서 벌써 유대감이 생긴 앙상블 팀의 피아니스트와 큰별이네를 블로그를 통해 만났다. 그들에게 파우스토 아저씨가 당신들을 그리워하고 있노라고, 한국인에 대해 좋은 인상을 남겨주어 고맙다는 말을 전했다.

"라디코파니와 파우스토가 너무 그리워요…."

그들도 지금의 나처럼 사랑스러운 마을과 그곳 사람들을 몹시 그리워하고 있었다.

숙소를 옮긴 것이 달갑지 않았지만, 이번에도 남편의 선택이 좋았음을 인정했다. 이 집에서 정말 편안하게 머물 수 있을 것 같았는지, 갑작스레 나른해지면서 잠이 쏟아졌다. 까무룩 잠이 들었다가 눈을 떴다. 한바탕 비가 쏟아졌던지 널어둔 빨래가 흠뻑 젖었다. 다시 물기를 꼭 짜서 널어두었다. 파우스토 아저씨도 다시 빨래를 널어 말리고 있었고, 그 옆에 검은 고양이가 배를 드러내고 누워있었다. 내 옆에 배를 드러내고 누워있는 남편과 꼭 닮은 것 같아 픽하고 웃음이 났다.

시간이 안 가는 것만 빼면 완벽한 날이었다. 우리 부부는 평소에는 집에서 각자의 노트북을 들여다보며 시간을 보내곤 했다. 글을 쓰거나 전자책을 읽는 나와 달리 남편은 각국의 사회 경제 기사를 읽으며 동향을 파악하고 그날의 확진자 수, 사망자 수, 백신 접종 현황 등 다양한 통계들을 정리하는 일로 하루를 시작했다. 지금까지 다녀온 이탈리아 여행

정보는 파워포인트로, 집안의 각종 세금과 가계부는 엑셀로 정리하고 하루의 일상은 글과 영상으로 매일 기록했다. 1분 1초도 늘어지는 법이 없이 밀도 있는 하루를 보내는 사람이었다. 여행을 준비할 때도 최소 파워포인트 50장 정도 분량의 정보를 정리하고, 공중화장실 위치까지 파악해야만 떠날 준비가 되었다고 생각하는 사람이었다. 나처럼 속옷 석 장, 갈아입을 옷 세 벌, 일주일 치 여행 짐이 손바닥만 한 가방 하나로 해결되는 것이 가장 신기하다고 했다. 충전용 어댑터도 국가별로, 종류별로 챙기는 그야말로 내 기준에는 별난 사람이었다.

이렇게 철두철미한 사람이 아무런 준비도 없이 떠나온 여행에서 온몸에 힘을 빼고 축 늘어져 있는 모습을 처음 보았다. 어쩌면 지금까지 성격 때문에 또는 나태해지지 않기 위해 자신을 스스로 옥죄어왔던 것은 아닐까, 안쓰러운 마음이 들었다. 순례길이 아니었다면, 이렇게 가만히 있는 여행은 절대 용납하지 못했을 것이다.

아무것도 하지 않고 그저 늘어져 있는 동안 오히려 소박한 즐거움을 발견했다. 동네 고양이들에게 '고순이', '고돌이' 같은 이름을 붙여주었고, 인터넷에 의존하지 않고 매번 가는 식당으로만 갔다. 남편이 쉬는 동안 나는 해가 질 때까지 동네를 몇 바퀴 더 걷고 또 걸었다. 나를 곤두서게 했던 지극히 사소한 일과 계획들이 무의미해지는 시간이었다. 걷기 시작했을 때의 두려움이 사라지고 서지 않는 것에 대한 두려움만 남았다. 걷기가 내 삶의 일부가 되었음을, 나는 멈추지 않는 것으로 끊임없이 고백하고 있었다.

"걷는 것은 자신을 세계로 열어놓는 것이다. 발로, 다리로, 몸으로 걸으면서 인간은 자신의 실존에 대한 행복한 감정을 되찾는다. 발로 걸어가는 인간은 모든 감각기관의 모공을 활짝 열어주는 능동적 형식의 명상으로 빠져든다. 그 명상에서 돌아올 때면 가끔 사람이 달라져서 당장의 삶을 지배하는 다급한 일에 매달리기보다는 시간을 그윽하게 즐기는 경향을 보인다. 잠시동안, 혹은 오솔길에 몸을 맡기고 걷는다고 해서 무질서한 세상이 지워주는, 늘어만 가는 의무들을 면제받는 것은 아니지만 그 덕분에 꿈을 가다듬고 전신의 감각들을 예리하게 갈고 호기심을 새로이 할수 있는 기회를 얻게 된다. 걷는다는 것은 대개 자신을 한곳에 집중하기 위하여 에돌아가는 것을 뜻한다."

- 《걷기 예찬》, 다비드 르 브르통

라디코파니 요새

파우스토 아저씨네 집

day12 호된 신고식

"여기가 바다야 호수야?" 평소보다 목소리 톤이 올라갔다. 남편은 말 없이 더 먼 곳을 응시했다. 그의 시선이 머문 곳에는 쏟아지는 햇살에 검게 그을린 사람들이 있었다. 모두가 손바닥만 한 수영복을 걸치고 물개처럼 드러누워 있거나 수중 발리볼, 오리배 타기, 공놀이 등의 액티비티를 즐기고 있었다. 누가 호수라고 말해주지 않았다면 나는 분명 바다라고 철석같이 믿었을 것이다.

쏴, 하고 파도가 밀려왔다가 이내 거품이 되어 흩어졌다. 아득한 풍경을 바라보면서 오늘 우리에게 일어난 모든 말도 안 되는 상황과 분노가 파도에 떠밀려 사라져 갔다. 바다 같은 호수가 반짝이는 눈빛으로 손짓했다. 그 너른 품 안에 달려가 아무 말 없이 안기고 싶었다.

라디코파니-아쿠아펜덴테
24킬로미터

오늘은 드디어 토스카나 주에서 수도 로마가 있는 라치오 주로 가는 날이었다. 대한민국으로 치면 충청도에서 전라도로, 강원도에서 경상도로 도의 경계를 넘는 날이라고 할 수 있겠다. 다시 시작된 대장정. 앞으로 꼬박 200킬로미터를 더 걸어야 했다.

지도상 라치오 주는 토스카나보다 거리가 짧고 비교적 평탄해서 수월하겠다고 여겼는데 큰 오산이었다. 바티칸에 입성하는 감격스러운 순간을 상상하며 벅찬 마음으로 시작했지만, 얼마 못 가 내 머리를 쥐어뜯으며 자책하게 되었다. 내리막길은 비교적 수월했다.

변수는 폰테 아 리고(Ponte a Rigo)의 순례자 숙소 입구에서부터 7킬로미터나 되는 도로. 짐을 운반하는 거대한 트럭이 주로 다니는 좁은 SR2 고속국도였다. 거기다 라치오 주로 들어서자마자 도로 상태가 열악해지고 쓰레기 더미에서 악취가 풍겼다. 비아 프란치제나 표지판도 거의 보이지 않아 지도를 반드시 확인하며 걸어야 했다. 열흘 동안 굴곡진 능선이 이어지는 토스카나를 걸어왔다 보니 당연히 사소한 부분들까지도 비교가 되었다. 나는 이곳이 마음에 들지 않았다.

　로마로 내려갈수록 걷는 사람이 더 많아진다고 했는데 사람이 아니라 눈에 불을 켜고 달려드는 자동차를 피해 다니기 바빴다. 속도도 줄이지 않고 바짝 붙어 쌩쌩 달리는 트럭들 때문에 다리에 힘이 풀려 자꾸 주저앉았다. 도로 위를 아슬아슬하게 걷는 동안 우리에게는 자동차가 위협적인 존재였다. 그러나 바꿔 생각해보면 운전자들에게는 고속도로를 걷는 인간인 우리가 오히려 위협적인 존재였을 것이다. 지나가면서 창문 밖으로 욕설을 내뱉는 사람도 있었다. 새로운 주로 들어선 순례자에 대한 환대치고는 꽤 거칠어 눈물이 찔끔 났다. 상황이 이렇다 보니 어떻게 인도도 없는 위험한 길을 순례자들에게 걸으라고 만들어 놓았는지 당황스럽고 화가 났다.

　그러나, 언제나 그랬듯 걷는 것 말고는 달리 방법이 없었다. 도로에서 벗어날 때까지 걷고 또 걸었다. 조금이라도 빨리 벗어나고 싶어 들판을 가로지를까, 강물을 건널까, 별생각을 다 하면서 속으로는 제발 살려달라는 기도를 주문처럼 내내 외웠다.

걷기 위험했던 SR2 고속국도

고속국도를 걷다 마주한 라치오 주 표지판

목적지인 아쿠아펜덴테(Acquapendente) 마을에 도착하고 나서야 알게 된 사실인데, 프로체노(Proceno) 마을을 거쳐 6킬로미터를 더 걷는 대체 코스는 차도를 비껴 있어서 조금 더 안전하단다. 그 사실을 미리 알았더라도 우리가 과연 6킬로미터나 더 걸어야 하는 길을 선택했을까? 아무래도 짧고 위험한 길을 택했겠지만, 경험해 본 자로서 절대 추천하고 싶지 않다. 마주 오는 자동차를 피하려고 두 시간 넘게 잔뜩 긴장했더니 차도를 벗어나자마자 약간의 경련이 일 정도였다. 빨리 짐을 내려놓고 쉬고 싶은 마음이 간절했다.

문제가 또 있었다. 도착할 때까지 숙소를 예약하지 못했다는 것. 눈 씻고 찾아봐도 마땅한 숙소가 없었다. 마을에 도착해보니 이해가 갔다. 라치오 주의 첫 번째 목적지인 아쿠아펜덴테 마을은 거의 유령도시에 가까울 만큼 황량했다. 대부분 집이나 가게에는 매매 또는 월세 표시가 붙어있었고, 점심시간인데도 문을 연 가게가 거의 없었다. 규모가 꽤 커 보이는 호스텔에 물어도 방이 없다는 대답만 돌아왔다.

우리는 오후 한 시까지도 잠잘 곳을 구하지 못해 발을 동동 구르며 마을을 돌아다녔다. 심각한 와중에도 배는 고팠다. 작은 피자가게에서 신경이 잔뜩 곤두선 표정으로 피자 한 조각을 씹고 있는데 뿔테 안경을 쓴 여자가 똑 부러지는 말투로 우리에게 말을 걸어왔다. 그녀는 우리가 문의했던 마을 초입에서 작은 호스텔을 운영하고 있는데, 오늘은 방이 없고 대신 좋은 대안이 있단다.

"내가 아주 멋진 캠핑카를 가지고 있는데 말이야, 너희를 위해 특별히 오늘 하룻밤 50유로에 빌려줄게. 로맨틱한 밤을 보낼 수 있을 거야."

야릇한 눈빛으로 속삭이듯 말했다. 캠핑카가 1박에 50유로라니! 그녀를 믿기로 했다. 아니 믿을 수밖에 없었다.

그녀의 차에 날름 올라탄 나와 달리 남편은 의심의 눈초리를 하고 있었다. 그렇게 자동차로 10여 분을 달린 뒤 우리 눈앞에 나타난 캠핑카는… 로맨틱은 무슨! 얼마나 오랫동안 방치되어 있었던지 문을 열자마자 거미줄이 내 온몸을 휘감았다. 침대는 더러웠고, 화장실은 외부의 공용화장실을 사용해야 했다. 식탁에는 급히 치우다 만 음식물 찌꺼기들이 들러붙어서 형체를 알아볼 수조차 없었다.

남편은 화가 잔뜩 난 얼굴이었다. 그러나 애써 침착한 목소리를 유지하며 먼저 호의를 베풀어 준 것에 대한 감사의 인사를 전했다. 그리고 덧붙였다. 이곳에서는 한시도 머물 수 없으니 우리를 다시 마을의 광장으로 데려다 달라고. 나는 낯설고 인적이 드문 곳에서 행여 해코지라도 당할까 봐 심장이 터져버릴 것 같았다. 다행히 그녀는 우리를 마을 중심까지 데려다주었다. 그리고 저주라도 내리듯 한마디 덧붙였다. "너희는 오늘 길거리에서 자게 될 거야. 지금 이 시각 이후로는 나한테 매달려도 소용없어."

등골이 오싹했다. 이미 오후 3시 30분이었다. 정말 생명의 위협을 여러 번 느끼는 날이구나. 나는 울상이 되었고 그런 나를 바라보며 남편은 이리저리 머리를 굴리기 시작했다. 눈알 굴리는 소리가 멀찌감치 떨어진 나에게까지 들리는 것 같아 한마디도 하지 못했다.

　한동안 핸드폰을 들여다보던 그는 점심을 먹었던 피제리아로 돌아가서 내일의 목적지인 볼세나로 가는 버스가 있는지 물어보았다. 아주머니는 아마도 있을 거라며 버스표를 판매하는 바를 알려주었다. 도대체 무슨 생각을 하는지 모르겠지만, 언제나 그럴싸한 해결책을 제시해주었으니 이번에도 그럴 거라고 믿고 그를 따라나섰다. 30분 뒤에 출발한다는 볼세나행 표를 구매한 남편이 드디어 환하게 웃어 보였다. 주변 마을 숙소를 검색하던 중 내일의 목적지인 볼세나 마을에 저렴한 숙소가 많다는 것을 발견한 거였다. 그곳에서 2박을 머물면서 내일은 짐을 숙소에 두고 다시 돌아와 이 길을 걷잔다. 그 짧은 시간에 어쩜 그런 아이디어를 떠올렸는지 정말이지 신통방통했다.

　결과는 이러했어도 그에게도 불확실성이 남아 있었다. 아무리 찾아봐도, 볼세나로 가는 교통편이 안 나오더란다. 유명한 관광지라서 버스가 없을 리는 없고. 알고 보니 라치오 주를 연결하는 코트랄(Cotral)이라는 버스 회사가 있는데, 인터넷에서는 실시간으로 동선이 검색되지 않았던 것이다. 자체 홈페이지를 통해서만 시간표가 제공되고 티켓은 버스 기사에게 구매하거나 타바키(Tabacchi)라고 불리는 담뱃가게에서 구매하는 방식이었다. 동네 사람들은 타바키 또는 버스정류장에 붙어있는 종이 시간표를 보고 버스 시간에 맞춰 나와 있었다. 그야말로 아날로그 시스템이었다.

모든 정보를 손바닥만 한 핸드폰으로 검색할 수 있었던 우리는 작은 변수에도 적잖이 당황했다. 버스를 기다리면서 오늘 묵을 숙소를 예약했다. 몇 시간이나 공포에 떨었던 것이 무색하게 손가락 클릭 한 번에 결제까지 단번에 끝났다. 온라인을 자유롭게 향유할 수 있었던 덕분에 여행에서도 인생에서도 변수를 미리 차단할 수 있었던 것은 아닐까. 인터넷이 없던 시절, 모든 것이 불확실하던 시절의 여행을 상상해 보았다. 지금보다 훨씬 다양한 에피소드로, 풍성한 책이 탄생했을지도 모르겠다. 물론 더 많이 울고 웃었으리라.

그렇게 20여 분을 달려 도착한 볼세나. 오늘의 선택이 헛되지 않음을 확신했다. 화려하고 온통 반짝반짝 빛이 났으며 사람들 표정에는 여유가 넘쳐났다. 전형적인 여름 휴양지의 모든 것이 있었다. 고급 레스토랑과 호텔이 즐비했고, 심지어 가격도 저렴했다. 우리가 예약한 호수를 마주 보는 4성급 호텔은 성수기였음에도 단돈 60유로였다. 게다가 커다란 창이 있고 테라스 아래에는 투숙객을 위한 작은 공원과 야외 수영장도 마련되어 있었다. 여기는 과연 천국일까? 혹시 꿈은 아닐까 싶어 여러 번 눈을 끔뻑였다.

다양한 어려움이 존재했던 오늘, 바다 같은 호수에서 행복한 표정을 짓고 있는 사람들을 마주하자 그제야 안심이 됐다. 반짝이는 물빛을 뿌리칠 수 없어 호수를 향해 왈칵 몸을 내던졌다. 뜨거운 햇살에 물은 적당히 따뜻하고, 매끈하고, 포근했다. 호된 신고식 후에 만난 라치오 주가 아무런 거리낌 없이 내 마음에 파고든 순간이었다.

아쿠아펜덴테 마을

코트랄 버스를 타고 볼세나로 이동

day13 배낭을 멘 자, 기꺼이 무게를 견뎌라

순례길에서 배낭은 단순히 짐을 운반하기 위한 도구만이 아니다. 나를 순례자라고 말해주는 무언의 표식이었다. 짐을 내려놓고 걸은 날, 길에서 마주한 사람들은 배낭이 없는 우리를 보고 멀뚱히 쳐다보기만 할 뿐 '부온 깜미노'라는 인사조차 건네지 않았다. 우리의 존재를 부정당하는 느낌마저 들었다. 커다란 배낭의 무게감이 나를 힘들게도 했지만, 그 자체만으로도 압도적인 존재감을 드러내고, 낯선 사람들에게 거리감 없이 다가설 수 있는 매개였다는 사실을 그제야 깨달았다.

아쿠아펜덴테-볼세나
23킬로미터

 짙게 깔린 안개 속을 아쿠아펜덴테로 되돌아가는 버스가 무섭게 가로질렀다. 버스 기사는 속도를 줄이지 않고 목을 뒤로 꺾어 뒷좌석에 앉은 손님과 잡담을 나누며, 불안한 운전을 이어갔다. 버스에서 내릴 때까지 한순간도 긴장을 늦출 수 없어서 속이 울렁거릴 정도였다. 눈을 질끈 감았다가 곁눈질해보았지만 나만 빼곤 모두가 평온해 보였다. 내 옆에 곤히 잠든 남편도.

 오늘은 목적지에서 출발해 목적지로 되돌아가는 날이었다. 아쿠아펜덴테로 버스를 타고 돌아간 후 걸어서 다시 볼세나로 도착하는 일정이다. 배낭은 숙소에 두고, 필요한 짐만 작은 에코백에 챙겼다. 누가 지켜보는 것도 아닌데, 버스를 타고 지나온 길을 굳이 다시 가서 걸어야 하나 싶기도 했지만, 남편은 이 길을 온전히 다 걷고 싶어 했다. 정직하다 못해 가끔은 융통성이 없는 남편이 답답하기도 했다.

 미리 두 구간을 버스를 타고 이동한 후에 다음날 되돌아가서 걷는 방법은 꽤 좋은 아이디어 같기는 했다. 그러나 내 몸이 멀쩡한데 배낭을 내려놓고 걷는 길이 마냥 홀가분하지만은 않았다. 처음으로 버스를 탔던 날처럼 묵직한 죄책감이 나를 짓눌렀다. 여행자라고도 순례자라고도 할 수 없는 모습에 나도 모르게 주눅이 들었다.

안개 낀 아쿠아펜덴테

아침 8시 10분. 첫차 시간에 맞추느라 평소보다 두 시간 정도 늦게 걷기 시작했다. 날씨가 좋았을 때도 안개가 자욱한 날에도 아쿠아펜덴테 마을은 웬지 음산한 기운이 감돌았다. 사람들 표정도 마을 분위기와 꼭 닮은 것 같았다. 빨리 이 축축한 곳을 벗어나고 싶은 마음이 간절했다. 분명 비슷한 질감의 안개인데, 한순간도 놓치고 싶지 않아 셔터를 눌러 댔던 토스카나의 분위기와는 사뭇 달랐다. 첫 느낌에 차갑게 식어버린 내 마음 문제이리라.

마을을 빠져나오자 안개가 차츰 엷어지면서 전형적인 시골길이 나타났다. 밀밭, 옥수수밭 그리고 해바라기밭. 8월이었다면 흐드러지게 핀 해바라기꽃이 장관을 이루었을 것이다. 농부들은 허리를 굽혀 부지런히 밭일을 하고 있었다. 막걸리 한 사발과 새참이 나올 것 같은, 우리 시골 마을 풍경과 닮아 있었다.

자전거를 타는 무리와 오래된 고물 자동차가 메마른 땅에 흙먼지를 날리며 지나갔다. 나는 자주, 지도상의 출발지와 도착지를 선으로 그리며 거리를 대충 가늠해 보았다. 도보 순례자에게 이런 직선거리를 보장하는 날은 단 하루도 없다는 것을 알면서도 말이다. 최단 거리는 자동차가 다닐법한 직선도로를 알려줄 뿐, 순례자인 우리는 차도와 농지를 피해 굽이굽이 가로질러 걸었다. 오늘은 유난했다. 공간지각 능력이 없는 내가 봐도 너무 굴곡졌다. 분명 한 시간은 걸은 것 같은데 구글 지도상으로는 1킬로미터밖에 줄어들지 않았다. 걷고 또 걸어도 제자리걸음인 지도를 확인할 때마다 힘이 쭉 빠졌다. 마치 희망 고문 같았다. 길이 나

있는 대로 하염없이 돌고 도는 동안 여러 번의 웅덩이를 만났고, 사람이 살지 않는 폐허에 가까운 집이 나타났다.

라치오 구간은 비교적 평탄하고 평균 거리가 짧아서인지 자전거 순례자가 많았다. 중간마을인 산 로렌조 누오보(San Lorenzo Nuovo)에서 햄, 달걀 샌드위치와 오렌지주스로 간단히 점심을 해결했다.

로마에 살았을 때는 여름마다 볼세나 호수를 찾았다. 자동차를 타고 이 길을 지날 때, 눈앞에 바다처럼 펼쳐지는 볼세나 호수가 점점 가까워지면서 거짓말 같은 풍경이 나타나면 어김없이 탄성을 내지르곤 했다. 다만 눈앞에서 아스라이 사라져버리는 찰나의 순간이 늘 아쉬웠다. 반면 걸어서 만나는 풍경은 멈추어서 보면 그림인 듯 착각이 들 정도로 비현실적이기도 하고, 내가 원하는 만큼 오랫동안 음미할 수 있어서 좋았다. 반짝이는 물빛을 하염없이 바라보다가, 손을 뻗으면 닿을 것만 같아서 손을 휘휘 내저어 보았다. 이렇게 아름다운 풍경을 바라볼 때 나는 가끔 속절없는 눈물을 흘렸다. 울컥 눈물이 날 것 같아 재빨리 선글라스를 꺼내 썼다. 경이로운 자연 앞에서 눈물을 흘릴 수 있는 사람이란 게 조금 사랑스럽다가 금세 간질간질해졌다.

산 로렌조 누오보 마을을 빠져나와 커다란 숲을 하나 지났다. 빽빽한 밀밭과 올리브 나무 사이로 부챗살 같은 해가 비치면서 푸른 호수가 다시 활짝 얼굴을 내밀었다. 화산활동으로 만들어진 너른 호수와 눈 맞추며 쭉 뻗은 길을 걸었다. 내가 이 풍경을 보기 위해 반나절을 걸었구나. 벌써 이 길의 종착지인 로마를 만나는 것이 두려워졌다. 로마 이후에는 내가 언제 다시 맹목적으로 걸을 수 있을까. 내딛는 걸음마다 자연을 만끽하며, 오직 걷기만 하는 행위와 시간을 나는 분명 그리워하게 될 것이다.

바람에 날려 바스락거리는 밀밭과 터벅터벅 발걸음 소리에 집중하며 걷다 보니 호수가 점점 가까워졌다. 곧이어 볼세나 성(Castello di Bolsena)이 나타났다. 가파른 절벽에 면해있는 웅장한 성에는 투명하다 못해 속이 훤히 비치는 비현실적인 호수와 파노라마 뷰가 기다리고 있었다.

볼세나 성

매해 여름마다 근교 호수로 여행을 자주 갔다. 수영을 못 하는 나는 물에 잠깐 몸을 담그는 시늉만 했다가 호숫가 마을을 구경했다. 무엇보다 소금기 없는 담백한 공기의 질감이 좋았다. 하늘과 맞닿은 호수, 수영하는 사람들, 잘 정돈된 가로수길을 번갈아 바라보면서 하염없이 시간을 보냈다. 오늘도 여느 때와 다르지 않았다. 호숫가 마을은 번화한 관광지였지만 토스카나보다 물가도 저렴해서 부담이 없었다. 내친김에 2주 만에 처음으로 동전 세탁기에 넣고 빨래를 돌렸다. 제대로 마르지 않은 옷을 매일 번갈아 입다 보니 묵은 냄새가 났는데 단돈 5유로에 세탁기에서 꺼낸 빨래는 새 옷처럼 빳빳하고 향기로웠다. 킁킁하고 냄새를 맡아보다가 바싹 마른 빨래를 숙소에 가득 널어두었다.

볼세나는 여름철 관광지로 유명할 뿐만 아니라 성지 순례객들도 많이 찾는 도시이다. 성녀 크리스티나의 고향이자 순교한 장소이며, 가톨릭교회의 4대 축일 가운데 하나인 '성체 성혈 대축일'이 제정된 계기가 된 도시이다.

13세기경 체코 프라하의 한 신부가 로마로 순례를 가던 중 볼세나 산타 크리스티나 성당(Basilica di Santa Cristina)에서 미사를 진행했다. 성찬식 도중에 성체에서 예수의 피가 흘러나와 사제의 손가락을 적시고 제단 천을 붉게 물들였단다. 르네상스 시대의 대표 화가인 라파엘로가 볼세나의 기적을 주제로 그린 '볼세나의 미사' 프레스코화는 바티칸 박물관에서 관람할 수 있다. 종교의 유무에 관계없이 성지 순례길을 걷는 의미가 있지만, 특히 가톨릭 신자들에게 이탈리아 성지 순례길 비아 프란치제나는 종교적 열정에 불씨를 지펴줄 것 같다.

저녁에는 제법 선선한 바람이 불어왔다. 유로 2020 스위스 대 이탈리아 경기가 있는 날이라 줄지어 늘어선 호숫가 레스토랑은 열기로 후끈했다. 여행지에서 축구 애호가들과 축구 경기를 관람하고 함께 열광하는 낭만적인 분위기를 꿈꿔보기도 했다. 그러나 나의 몸이 도저히 따라주지 않았다. 특별한 이벤트도 지친 몸 앞에서는 무기력해지는 법이었다.

이 지역에서 많이 잡힌다는 코리고네(Corigone)라는 생선의 뼈를 발라 식초에 절인 요리와 화이트 와인을 잔뜩 마시고 숙소에서 그대로 곯아떨어져 버렸다. 자다가 왼손에 갑자기 마비가 와서 아무런 감각이 느껴지지 않았다. 다행히 금방 회복되었지만 걱정스러운 마음에 손을 폈다 접기를 반복하며 다시 잠들지 못했다. 아마 밤새도록 포효하는 사람들의 함성 때문이기도 했으리라. 오늘도 역시 이겼나 보다. 이제는 소리만 듣고도 짐작할 수 있었다. 선잠에서 깨어난 후 그동안 찍은 사진들과 기록한 메모를 살펴보았다. 그리고 내 여행 노트에 당시를 이렇게 기록했다.

'경이로운 자연 앞에서 눈물 흘릴 수 있는 나 자신을 잃지 말 것. 1년 후, 10년 후 이 길이 그때의 내가 그리워질 때 언제고 꺼내 볼 수 있도록 지금의 감정을 온전히 바라볼 것. 마지막으로 배낭이 주는 압도적인 무게감을 기꺼이 감내하며 걸을 것.'

볼세나 호수에서 잡은 코리고네로 만든 요리

볼세나 호수의 해 질 녘 풍경

day14 EST! EST!! EST!!!(있다! 있다!! 있다!!!)

12세기, 와인에 조예가 깊은 독일의 가톨릭 주교 요한네스 데푸크(Johannes Defuk)가 살았다. 그는 교황을 만나러 로마로 내려가는 길에 '와인 원정대'를 꾸려 먼저 보냈고, 좋은 와인을 마실 곳이 있으면 'Est(있다)' 라는 표시를 문 앞에 써놓으라고 지시했다. 원정대는 몬테피아스코네 (Montefiascone) 지역의 와인이 너무 맛있어서 'EST! EST!! EST!!!'라고 무려 세 번이나 반복하는 걸로도 모자라 느낌표를 6개나 붙였다. 로마에서 일정을 마치고 귀향하던 주교는 몬테피아스코네에서 'EST! EST!! EST!!!'를 마시다가 생을 마감했다. 그의 무덤은 산 플라비아노 성당(Basillica di San Flaviano)에 안치되어 있다. 묘비명에는 이렇게 쓰여 있다.

"Per il troppo EST! qui giace morto il mio signore Johannes Defuk."
(EST 를 너무 많이 마셨다! 여기 나의 주인 요한네스 데푸크가 죽어 누워 있다.)

볼세나-몬테피아스코네
18킬로미터

"뭐라고? 지금 5시 50분인데 한 시간이나 기다려야 해? 우리는 한시
가 바쁜 순례자고 일찍 길을 나서야 한다고!"

일찌감치 볼세나 숙소를 나서려는데 아뿔싸 호텔 문이 잠겨있었다.
도시세(City Tax)까지 모두 지급했으니 여느 때처럼 내가 원하는 시간
에 나가면 되는 줄 알았는데 그게 아니었나 보다. 비상 연락처로 전화를
걸자 한 여성이 잠에서 막 깬 듯 짜증 섞인 목소리로 7시 이후에 체크아
웃을 할 수 있다고 단호하게 말했다.

목소리를 높이자 그제야 잠깐 기다리라는 말과 함께 수화기가 끊겼
다. 생각해보니 바닷가나 호숫가 마을의 숙소들은 늘 이른 새벽에는 밖
에 나갈 수 없도록 바깥에서 문이 잠겨있었다. 안전상의 이유 때문이 아
닐까 짐작해 보았다. 카프리에서도 포지타노에서도 같은 이유로 새벽
산책을 못했다. 미리 이야기해두었어야 했나. 괜히 미안해졌다. 10분쯤
후에 관계자가 왔고 우리는 먼저 미안하다고 사과했다. 그녀도 마음이

누그러졌는지 따뜻한 카푸치노를 권했다. 중간에 바가 하나도 없다고 해서 물과 간식을 챙겨 두었다.

볼세나부터는 로마로 가고 있다는 방향 표시가 눈에 띄게 많아졌다. 그 표식만 봐도 여러 감정이 스쳤다. '드디어' 보다는 '아쉬움'에 조금 더 가까웠다.

라치오 주는 토스카나 주보다 길의 상태가 좋지 않을뿐더러 순례길 표시도 거의 없어서 길을 헤매기 일쑤였다. 다행히 우리보다 앞서 걸은 순례객들이 각자의 방식으로 순례길 표시를 해둔 덕분에 길을 헤매지 않을 수 있었다. 누군가는 순례자를 표시하는 스티커를 붙여 두었고, 누군가는 빨간색 리본을 나무에 매달아 두었다. '500미터 앞에 식수대 있음'이라는 쪽지가 매달려 있기도 했다. 걸으면서 마주하는 사람은 거의 없었는데 이렇게 세심하고 다정하고 사랑스러운 사람들이 이 길을 앞서 걸었다는 사실이 고요한 위안을 주었다.

종알종알 반가운 사람들의 말소리가 점점 가깝게 들려왔다. 목소리의 주인공은 똑같은 옷을 입은 다섯 명의 여자아이들과 선생님으로 보이는 인솔자였다. 스틱과 등산화만 보아도 기운이 예사롭지 않았다. 그들은 생글 웃으며 우리에게 '부온 조르노' 인사를 건네고는 벌써 저만치 앞서나갔다.

비아 프란치제나를 걸으면서 중·고등학생쯤 되어 보이는 아이늘이 자기들끼리 또는 선생님과 함께 씩씩하게 걷는 모습을 자주 목격했다. 방학 동안 학원이 아니라 대자연 속을 걸으면서 스스로와 마주하고 있는 것이었다. 나는 30대가 되어서야 해보는 경험을 그들은 10대 초반에 하고 있었다.

우리가 오늘 만난 아이들은 매 여름 방학마다 토리노에서부터 조금씩 걸었고 드디어 올해 로마까지 갈 예정이란다. 몸집은 작지만 어른스러운 아이들의 당찬 모습에 울컥 눈물이 날 뻔한 것을 참았다. 일반적인 여행이 아닌 성지 순례길을 걸으며 직접 숙소 예약부터 식사까지 준비하는 아이들의 모습을 상상했다. 무엇보다 아이들을 믿고 허락해준 부모들이 존경스러웠다.

이탈리아는 법적으로 열네 살 때까지 양육자가 등 · 하교를 직접 시켜야 한다. 집에 아이를 혼자 두어서도, 혼자 외출을 시켜서도 안 된다. 중학교 이후에야 비로소 자율성과 책임감이 동시에 주어진다. 베네치아 카 포스카리 대학교 한국어학과 다니는 친구 마르코와 매주 각자의 언어를 가르쳐준 적이 있었다. 그는 고등학교 때부터 여름 방학이 되면 친구들과 함께 자전거를 타고 토스카나 일주를 하거나 텐트를 메고 바다로 산으로 캠핑을 떠났다고 했다. 어른의 도움 없이 의식주를 직접 해결하는 경험을 하면서 성인이 되기 위한 준비를 했단다. 초등학교 때부터 학교가 끝나면 국 · 영 · 수 학원에서 살았던 나는 도저히 믿을 수 없었지만, 지금 내 눈앞에서 마르코와 같은 아이들의 모습을 매일 마주하고 있었다.

아이들을 다시 만났다. 선생님으로 보이는 어른이 자료를 꺼내어 아이들에게 비아 프란치제나와 몬테피아스코네에 대해 설명하고, 아이들은 집중하여 듣고 있었다. 난이도 최상의 가이드가 아닐까 생각했다. 우리가 쉬는 동안 그들이 다시 한번 우리를 앞질러 나갔다. 선생님은 우리에게 조금만 더 가면 식수대가 있다거나, 여기서부터는 그늘이 없다는 등의 정보를 주면서 살뜰히 챙겨주었다. 그녀의 가방에는 조개껍데기가 주렁주렁 달려있었는데, 그것이 산티아고 순례길에서 순례자를 뜻하는 표시라는 걸 그때 처음 알았다. 일행은 자주 멈추어 다양한 설명을 주고받는데도 항상 우리를 앞질러 갔고, 마을에서도 볼 수 없었다. 아마 순례자 숙소에 머물거나 오늘의 일정이 18킬로미터로 짧아서 조금 더 걸어갔는지도 모르겠다.

그들은 어디쯤 걷고 있을까. 걷는다는 것은 도대체 그들에게 어떤 의미일까. 훗날 그 아이들에게는 어떤 영향을 미칠까. 나는 길에서 만난 모든 아이들이 몹시 궁금해졌다.

마을이 5킬로미터쯤 남은 지점부터 완만한 오르막이 이어졌다. 첫째 날 이후 스틱을 오랜만에 꺼내 보았다. 익숙하지 않아 짐이 될 뿐이었는데, 오르막길에서는 역시 두 발보다 네 발이 나았다. 숲을 벗어나자 정면에 오늘의 목적지인 몬테피아스코네가 나타났고 오른쪽으로는 멋진 볼세나 호수 파노라마 뷰가 펼쳐졌다. 볼세나는 이탈리아에서 가장 큰 화산 호수답게 바다처럼 넓은 호수를 중심에 두고 수십 개의 마을이 둘러싸여 있었다. 오늘의 목적지도 그중 하나였다.

마을 입구로 들어서자 커다란 현대식 성당 앞에 '100KM ALLA TOMBA DI PIETRO!(베드로의 무덤까지 100킬로미터 남았음!)' 이라는 표식이 서 있었다. 베드로의 무덤은 비아 프란치제나를 걷는 순 례자들의 목적지이기도 한 바티칸을 뜻한다. '그래? 우리가 벌써 100 킬로미터 남은 지점까지 왔다고?' 그런데 기쁘기는커녕 왜 아쉬운 마 음만 들지?

인증 사진을 SNS에 올리자 사람들은 내 표정이 그제야 제법 편안하고 여유로워 보이기까지 한다고 했다. 누군가는 내친김에 브린디시 항구 를 거쳐 예루살렘까지 가보라고 했다. '이 양반이 누굴 놀리나!'가 아니 라 진짜 그러고 싶은 마음이 굴뚝같았다. 당초 목표였던 토스카나의 끝 라디코파니가 새로운 시작 지점이 된 것처럼, 어쩌면 로마를 시작으로 거기서 다시 아래로 전진하고픈 마음이 타오를지도 모르겠다.

베드로의 무덤까지 100킬로미터 남았음을 알려주는 표식

'EST! EST!! EST!!!'의 도시 몬테피아스코네에 오신 것을 환영합니다'라는 현수막과 함께 커다란 포도 모양의 장식물이 나타났다. 드디어 전설 속의 와인을 마셔보겠구나. 숙소에 짐을 풀자 직원이 마침 근처에 있는 와이너리 레오나르디(Antica Cantina Leonardi)를 소개해 주었다.

우리는 바로 달려갔다. 젊은 청년이 우리 두 사람만을 위한 와이너리 투어와 시음을 이끌어주었다. 화이트와 레드 와인 3종 시음과 투어가 단돈 5유로였다. 과일향과 풀내음을 가득 머금은 가성비 좋은 와인이었다. 여름철에는 내내 옆에 두고 마시고 싶은 청량감도 느껴졌다.

시음을 마치고 취기가 잔뜩 오른 채 곧바로 교황의 요새(Rocca dei Papi)에 올랐다. 볼세나 호수를 내려다보는 공원 깊숙한 곳에 자리하고 있었다. 역대 교황들이 즐겨 머물렀고, 때에 따라 피난처이기도 했다. 순례자 탑(Torre del Pellegrino) 위에서 쌍안경으로 360도 경치를 조망해 보았다. 토스카나 주, 움브리아 주, 라치오 주, 아브루쪼 주까지 한눈에 볼 수 있는 전략적 요충지임을 확인할 수 있었다. 해가 막 넘어가려는 시간, 노르스름한 분위기와 호수 그리고 요새가 제법 잘 어울렸다.

요새에서 바라보았던 전망을 똑같이 감상할 수 있는 식당으로 갔다. 식당 내부는 동굴 모양이었다. 외부의 커다란 테라스에서 포도주 한 잔과 함께 하염없이 해가 떨어지는 모습만 바라봐도 좋을 곳이었다. 20유로에 햄, 치즈, 채소 등의 안주와 소믈리에의 데일리 추천 와인 3잔이 함께 제공되는 가성비 좋은 메뉴를 저녁으로 주문했다. 술을 잘 못 하는 남편 와인까지 내 몫이었으니 오늘만 도대체 몇 잔을 마신 거야? 옆구리로 넘어가는 해처럼 발그레하게 웃어 보이자 남편이 말했다.

"함께 걸어줘서 고마워."

이 사람이 마시지도 않은 술에 취했나. 웃어넘길 뻔했지만, 그의 눈빛에서 진심이 느껴졌다. 그래, 누가 뭐래도 우리는 '함께'라서 이 길을 걸을 수 있었다. 누군가 열흘을 함께 걷는 것은 10년을 함께 사는 것과 마찬가지라고 했다. 앞으로 20년이고 30년이고 함께 이 길을 걸어가자고, 나는 눈가에 그렁그렁 맺힌 눈물로 대답을 대신했다.

몬테피아스코네 마을

day15 모든 길은 로마로 통한다

어제는 점심 먹으면서 한 잔, 와이너리에서 흰색 붉은색 섞어가며 서너 잔, 저녁을 먹으면서 스파클링까지 또 여러 잔을 연달아 들이켰다. 어림잡아도 혼자서 한 병 분량 정도 마신 것 같았다. 이탈리아 사람들처럼 우아하게 한 잔을 손목으로 동글동글 굴려가며 오랫동안 음미하고 싶었으나 맥주처럼 꿀꺽꿀꺽 들이켰다. 처음으로 와인 숙취를 경험했다. 머리가 지끈거리고 속이 울렁거렸다. 뜨끈한 라면 국물 대신 카푸치노로 해장을 하고 길을 나섰다. 숙취 때문인지 안 그래도 굽은 길이 더 굽이굽이 요동치는 것 같았다. 걷는 동안 다시는 술은 마시지 말아야지, 다짐을 했다.

몬테피아스코네-비테르보
18킬로미터

라치오 주로 진입한 이후에는 '투시아(Tuscia)'라는 간판을 자주 만났다. 고대 에트루리아인들이 많이 거주했던 라치오 북부와 토스카나, 움브리아 경계의 넓은 지역을 일컫는다. 치미니 산맥(Monti Cimini), 볼시니 산맥(Monti Volsini), 두 개의 화산 호수인 비코(Lago di Vico), 볼세나(Lago di Bolsena), 이탈리아 최대의 헤이즐넛 산지, 거대한 평야와 로마 서쪽 해안을 아우르는 마렘마 라지알레(Maremma Laziale) 등이 포함된다.

대표적인 마을로는 순례길에서도 지나게 되는 볼세나, 몬테피아스코네, 비테르보(Viterbo), 그리고 관광지로 유명한 치비타 디 반뇨레지오(Civita di Bagnoregio)가 있다. 다양한 지리적 특색과 문화가 융합된 투시아 지역의 전통 요리로는 아쿠아코타(오래된 빵, 치커리, 감자, 익힌 달걀, 올리브유 등을 넣고 끓인 수프 요리), 롬브리켈리(계란 없이 물과 소금, 밀가루만으로 반죽하는 투시아 지역의 전통 수제 파스타) 등이 있다. 유명한 관광 도시는 아니지만, 이탈리아의 청소년들이 현장학습으로 빼놓지 않고 방문하는 중요한 역사지구이기도 하다.

우리는 성지 순례길을 걸으면서 그동안 전혀 알지 못했던 투시아 지역처럼 낯선 이탈리아의 지역과 문화를 다양하게 경험할 수 있었다. 마치 오랜 연인의 새로운 매력을 하나씩 발견하면서 더 깊이 사랑에 빠진 느낌이었다. 지금까지 내가 알고자 했던 이탈리아는 완전히 관광지화된 유명한 도시들이 우선이었다. 소도시 여행에서도 늘 인프라가 잘 갖춰진 유명한 도시를 선호했으면서도, 막상 산 지미냐노의 상업화된 모습이 싫어 멀리하고자 했던 나의 이면을 마주하기도 했다. 앞으로 이탈리아 여행을 설계할 때도 순례길의 경험이 큰 자산이 될 거라는 확신이 들었다.

몬테피아스코네 마을에서 벗어나 '비아 카시아(Via Cassia)'를 걸으며 고대 로마의 정취에 흠뻑 빠졌다. 마치 '모든 길은 로마로 통한다'라는 말을 증명하듯 일직선으로 곧게 뻗은 도로였다. 이탈리아는 기원전 3세기부터 600년에 걸쳐 도로를 건설했는데, 지금까지도 사람과 자동차가 다닐 정도로 견고하고 과학적으로 잘 만들어졌다. 도로의 깊이는 최소 1미터 이상으로 자갈, 모래, 잘게 부순 돌을 깔아 틈새가 전혀 없게 했고, 맨 위에 평평한 돌을 깔아 마차가 빨리 달릴 수 있도록 했다.

'길은 직선으로 만들어야 한다'라는 신념을 가진 로마인들은 산에는 터널을 뚫고, 습지에는 말뚝을 박아 그 위에 도로를 놓았다. 강이나 골짜기에는 다리를 놔서 못 가는 길이 없도록 했다. 심지어 배수 시설까지 고려한 과학적이며 실용적인 도로였다.

오늘 걷는 '비아 카시아'는 최초의 고속도로라 불리는 아피아 가도

(Via Appia Antica, 로마에서 브린디시 항구까지 연결)와 더불어 현존하는 가장 오래된 도로 중 하나이다. 현재 루카에서 로마로 이어지는 길인데 대부분 차도로 이용된다. 일부 구간이 이렇게 옛날 모습 그대로 완벽하게 남아있을 줄은 상상도 못 했다. 반질반질한 로마 시대의 돌길을 직접 걷게 되다니. 그 시절의 순례자들, 상인들, 군사들과 함께 발맞춰 걸어가는 것 같아 감격스럽기까지 했다. 이 길을 따라 위풍당당 로마로 입성하는 우리 모습을 상상했다. 로마까지 마냥 이대로 걷고 싶었다.

여러 장의 사진을 찍는 동안 혼자 온 순례자가 우리에게 사진을 부탁했다. 자신은 이 자리에 서 있는 것이 믿어지지 않는단다. 놓치고 싶지 않은 광경이라고 말하는데, 눈에서 진짜 빛이 났다. 비아 카시아를 걷는 우리 모두에게 감격스러운 순간이었다. 비아 프란치제나를 걸으면서 가장 황홀하고 경이로웠던 순간을 꼽으라면 나는 주저 없이 이 구간을 꼽겠다. '로마로 가는 길'이라는 이름에 가장 부합하는 구간이었다. 로마 시대의 길이 끝날까 봐 한 발 한 발을 조심스럽게 내디디며 걸음을 옮겨 보았다.

아쉽게도 얼마 안 가 포장도로와 함께 시골길 풍경이 다시 나타났다. 마치 꿈속에서 현실로 돌아온 듯한 착각을 불러일으켰다. 낮은 오르막길의 끝에 지금은 사람이 살지 않는 집 한 채와 전망대 겸 쉬어갈 수 있는 테이블과 의자가 놓여 있었다. 마치 수백 년을 이 길과 함께 늙어간 집 같았다. 무르익은 밀밭이 파도치는 모습이 아름다워 그 자리에서 한참을 바라보았다.

길에서 만난 성모 마리아상

평화로운 시골길을 지나자 갑작스레 순간 이동을 한 것처럼 신도시가 나타났다. 버거킹, 맥도널드와 같은 체인점을 비롯해 대형 쇼핑센터가 보이고 자동차가 급격히 많아졌다. 비테르보 신시가지로 들어선 것이었다. 도시의 소음이 거칠게 들리고 매연 탓에 목이 따가웠다. 로마에 가까워질수록 길거리는 지저분해졌고 자동차는 좁은 길을 전속력으로 내달렸다. 내 무릎까지 다가와 귀찮다는 듯이 겨우 멈추는 운전자들 때문에 오늘 길에서 느꼈던 감동이 한 번에 사라졌다. 도시는 이토록 위협적인 곳이었구나. 완전히 쪼그라든 우리는 어리둥절 지도를 들여다보며 길 찾기에만 몰두했다.

포르타 피오렌티나 성문(Porta Fiorentina)으로 가는 마지막 오르막 길에는 낡은 집과 잡화상점, 외국 음식점들이 양쪽으로 빼곡히 늘어서 있었다. 여기가 인도의 어느 거리인지 이탈리아인지 모를 정도로 아시아계 사람들이 많이 보였다. 2천 년 전에 쌓아 올린 높은 성벽 안 구시가지에서도 마찬가지였다. 도시의 모습은 중세 시대를 그대로 유지하고 있었으나 우리는 차를 피해 다니기 바빴다. 상점들이 널려있어 어지러웠다. 비좁은 거리는 불법 주차된 차량 때문에 더욱 비좁게 느껴졌다.

비테르보 마을은 지금까지 만났던 마을에 비하면 꽤 큰 규모에 속했다. 마을 한 바퀴를 도는 관광객용 꼬마 기차로도 거의 한 시간이 소요되었다. 울퉁불퉁한 돌바닥을 덜컹거리며 달리는 동안 어떤 멋진 풍경도 눈에 들어오지 않았다. 기차에서 내리자 허리를 꼿꼿이 펴기가 힘들 정도였다. 그 충격 때문에 나는 일시적인 무력감이 찾아왔다. 걷는 것보다 급절은 더 힘든 경험이었다.

교황들의 온천으로 잘 알려진 떼르메 데이 파피(Terme dei Papi)가 비테르보 마을에서 불과 5킬로미터 거리에 있고, 성벽 밖에는 순례자들을 위한 바냐치오 노천 온천(Parco Termale del Bagnaccio)이 있었다. 떼르메 데이 파피는 교황 니콜로 5세의 이름을 따서 지어졌으며 온천수의 치유력을 발견한 뒤 만든 최초의 공중목욕탕이다. 공중목욕탕일 뿐만 아니라 사회, 정치적 모임 장소이기도 했다. 비테르보 온천물은 화산에 기원을 두고 있다. 류머티즘, 피부과, 부인과 등의 치료에 효과가 있다고 알려지면서 멀리서도 사람들이 많이 찾아온다. 코로나만 아니었다면 우리도 뜨끈한 유황온천에 몸을 지졌을 텐데. 그러나 아무리 야외 온천이라 해도 모르는 사람들과 함께 몸을 담그는 것이 영 내키지 않았다. 유별나게 들릴지 모르겠지만 모든 것이 조심스러운 시기였다. 걷는 동안 땀에 찌든 마스크를 벗는 것조차도.

꼬마 기차에서 내린 뒤 무거운 피로가 몰려왔다. 몇 시간 낮잠을 자고 일어나, 따가운 볕이 한풀 꺾인 도시의 골목을 어슬렁거리며 걸었다. 수제 패티와 신선한 채소가 듬뿍 들어간 햄버거를 한입 가득 베어 물었다. 졸릴 때 실컷 자고 배고플 때 먹는 그야말로 본능에 충실한 삶이었다.

배가 부르고 피로가 풀려서인지 그때 마주한 비테르보는 의외로 그늘 싸해 보였다. 온천의 도시답게 곳곳에 물이 넘쳐흐르는 분수는 마치 도시의 풍요를 상징하는 듯했고, 건축물은 웅장했다. 대리석 건물 곳곳이 부서져 있고 깨끗하게 광이 나지는 않았지만, 길거리에 널린 것이 예술 작품이라는 말이 맞아떨어지는 마을 같았다. 마을 전체가 지붕 없는 박물관이라 해도 과언이 아니었다. 섬세하게 장식된 조각과 분수, 궁전을 구경하느라 전혀 지루할 틈이 없었고, 곳곳에 보이는 로마 문자와 바티칸 문장들이 로마와 점점 가까워지고 있음을 실감하게 했다.

이곳은 1257년부터 1281년까지 교황이 머문 곳으로, 교황령의 도시로 불렸다. 교황을 선출하기 위한 비밀투표 제도인 콘클라베를 가장 먼저 시행했던 도시였다. 콘클라베가 열렸던 바로 그 장소, 교황의 궁전 앞 계단에 앉아 아무도 없는 광장을 바라보았다. 잿빛 건물로 둘러싸여 우중충하기만 하던 도시가 부드러운 햇살을 머금고 따뜻하게 빛났다.

내가 너무 뒤늦게 비테르보의 매력에 빠져버린 것일까. 찰나의 순간, 매혹적으로 다가왔다가 어둠이 가라앉자 아련하게 끝이 났다. 로마까지 이제 정말 며칠 남지 않았다. 아름다운 순간들을 좀 더 끌어안아야겠다고 생각했다.

비테르보 마을

day16 삼山의 고난에 함부로 초라해지지 말 것

유난히 기억에 남지 않는 날이었다. 길도, 마을도. 기억을 억지로 더듬어야 할 만큼 '걷는 행위' 자체에만 충실했던 날. 지금까지는 걸어온 거리를 계산했는데, 이제는 로마까지 남은 거리를 계산한다. 숫자가 점점 줄어들고 있다. 나는 어느새 어엿한 순례자 행세를 하며, 17킬로미터가 짧다고 10킬로미터를 더 걸을 지 고민했다. 아차! 길에서 욕심내지 않기로 다짐했던 날들이 떠올랐다. 매일의 종착지는 내가 결정했지만, 목표가 과하면 늘 탈이 났다. 가능한 한 천천히 걸으며 곧 사무치게 그리워질 길의 모습을 눈에 담아야겠다고 생각했다.

이른 아침, 비테르보에서 프란치제나 경로를 찾느라 애를 먹었다. 길을 걸으며 만나는 마을 주민들은 비아 프란치제나의 존재는 알고 있었지만, 물어보면 자세한 경로는 모르는 경우가 많았다. 시제리코 대주교의 기록 속에 존재했고, 일반인들에게 대중적으로 알려진 지 그리 오래되지 않았기 때문이었다.

정식 루트는 비테르보 구시가지를 둘러싼 13개의 성문 중 파울 성문(Porta Faul)을 통과해 나가도록 되어 있었다. 성문을 통과해 신시가지의 맥도날드를 지나자 에트루리아인들이 만든 비에 카베(Vie Cave)라는 높은 응회암 절벽 사잇길이 나왔다. 양쪽 절벽 높이가 어떤 곳은 10미터가 넘었고, 폭은 2~4미터로 좁았다. 절벽 사이로 파고든 한 줌 햇살이 귀하게 느껴질 정도로 어두컴컴하고 습한 기운이 엄습했다. 절벽 사이사이 족히 2~3미터 가량의 뿌리를 뻗고 꼿꼿하게 서 있는 나무들. 인간이 존재하기 전 태초의 지구는 이런 모습이었을까. 지구의 맨살을 마주한 듯 신비로우면서도 음습한 기운에 저절로 발걸음이 빨라졌다. 기계도 없던 시절, 이렇게 높은 절벽을 깎아 길을 만든 에트루리아인들의 기술력이나 상상력이 현시대를 훨씬 뛰어넘는 것 같다는 생각이 들었다.

41번 코스는 17킬로미터였다. 고대 로마 시대의 다리 유적인 폰테 카밀라리오(Ponte Camillario)를 보고 싶다면 4.1킬로미터를 더 걷는 변형 루트를 선택할 수도 있다. 비아 프란치제나에는 다양한 변형 또는 대체 루트가 있다. 누군가는 정식 루트를 벗어나거나 대중교통을 이용하는 사람은 진짜 순례자가 아니라고 반박할 수도 있겠다. 하지만 루트와 수단에 집착할 필요는 없다는 것이 나의 결론이었다. 짧은 길을 선택하든, 버스를 타든 간에 길 위에서 자신을 끊임없이 객관적으로 바라보는 과정이 더욱 중요했다. 길은 수없이 질문을 던지고, 해답을 찾는 것은 순례자의 몫이기 때문이다.

비테르보의 성문

순례자들이 만든 길 표시

평지로 이어진 길은 비교적 수월했다. 우거진 숲에서 갑자기 튀어나오던 개만 빼면 말이다. 어렸을 때 할머니 댁에서 커다란 개에 물려서 병원에 실려 간 적이 있었다. 그때 트라우마인지, 개가 짖으면 화들짝 놀라 자지러지거나 그대로 얼어버리곤 했다. 내가 놀라서 과장된 행동을 취하는 모습에 개 주인들이 도리어 기분 나빠할 정도였다.

보행자가 거의 없는 시골집들은 대문을 열어둔 채 개를 풀어두는 경우가 많았다. 거대한 생명체들은 낯선 우리를 보자 눈알을 뒤집고 털을 곤두세우며 왕왕 짖거나 마구잡이로 달려들었다. 사람 몸집만큼 큰 개가 내 바짓가랑이를 물고 놓아주지 않아서 얼어붙은 채로 울상이 되기도 했다. 그 모습이 재미있다고 남편은 옆에서 키득 웃으면서 사진을 찍어댔다. 순례길을 걸으며 외로움이 훅, 하고 밀려오는 동안에도 제발 개는 마주치지 말았으면 좋겠다고 빌고 또 빌었다.

제법 속도가 붙어 베트랄라 마을까지 여섯 시간도 채 안 걸렸다. 기원전 6세기부터 이어져 온 이 마을 이름의 어원은 라틴어로 'Vetus Aula (오래된 장소)'라는 뜻이었다. 이름처럼 아주 오래되고 작은 마을이었다. 직선으로 쭉 뻗은 아담한 동네는 끝까지 둘러보는 데 채 20분도 걸리지 않았다. 가장 활기차게 붐벼야 할 점심시간에도 작은 말소리조차 들리지 않았다. 배가 고파 두리번거리다 마침 야외 테이블을 준비하는 식당에 들어섰다. 우리가 첫 번째 손님이었다.

관광지를 벗어난 마을이라 물가는 저렴했다. 이탈리아 요리의 풀코스인 전채요리(Antipasto), 전식(Primo), 본식(Secondo), 두 번째 본식 구이류(Secondo alla Brace), 반찬류(Contorno) 가 겨우 14유로(1만 9천 원)라니. 음식의 질을 기대할 수도 없는 가격이었지만, 첫 번째 접시만 보고도 알았다. 이 집은 맛집이라는 것을! 신선한 토마토를 얹은 빵 몇 조각과 프로슈토, 살라미, 치즈 모둠 한 접시만으로도 14유로가 아깝지 않을 맛과 양이었다. 앞으로 나올 음식을 다 먹으려면 2~3시간에 걸쳐 위를 늘리고, 꾹꾹 눌러 담아야겠구나 싶었다. 두 번째 접시까지 해치우고 도저히 못 먹겠다고 고개를 좌우로 저으며 일어섰더니 맥주 값을 깎아주는 인심을 베풀어 주었다.

한낮의 시에스타가 끝나고 가게들이 하나둘씩 문을 열기 시작하자 약속이나 한 듯 사람들이 거리로 모여들었다. 사람들은 애써 관심이 없다는 듯이 유일한 외지인인 우리를 곁눈질로 쳐다보았다. 할아버지들은 공원에서 카드놀이를 하거나 지나다니는 사람들을 구경하며 무료함을 달랬고, 할머니들은 신기하게도 자신과 똑 닮은 강아지를 산책시키고 있었다. 어쩌면 강아지가 주인 산책을 시키는 중이었을지도 모르겠다. 그 짧은 다리로 종종 걷는 걸음이 할머니보다도 훨씬 빨라서 재촉하는 듯 자꾸 뒤를 돌아보았으니 말이다. 한곳을 또는 서로를 바라보며 앞서거니 뒤서거니 함께 걷는 사이. 마치 우리를 닮은 것 같았다.

걸으면서 만나는 작은 소도시들이 활기가 없다고 느껴질 때가 많았다. 베트랄라 마을도 그랬다. '한때는 우리도 잘나갔어'라고 그늘의 상단 있는 눈빛이, 화려한 성당들이 끊임없이 외치고 있었지만, 젊은이들이 외지로 빠져나간 현실에 분위기가 한없이 위축되었다. 이런 장면들을 마주할 때마다 안타까운 마음이 들었다. 소도시의 인구 감소 문제를 해결하기 위해서 이탈리아 정부는 지자체별로 '1유로 집 프로젝트'를 추진하고 있다. 주인이 떠나간 집을 상징적인 의미의 1유로에 판매하고, 외부인의 유입을 늘려 지역경제 활성화를 도모하겠다는 계획이다. 성공 사례들을 통해 여러 지역으로 확장하기 시작했다는 기사를 본 적이 있다. 베트랄라도 머지않아 프로젝트의 대상이 되지 않을까 걱정이 될 정도로 적막했다.

기존에 살던 사람들이 떠나지 않을 방법은 없는 것일까. 비아 프란치제나를 걷는 사람들이 많아지고, 거쳐가는 마을에 순례자들을 위한 인프라가 구축되는 등 활기를 불어넣을 수 있는 대안이 마련되었으면 좋겠다. 가장 좋은 예가 바로 토스카나 구간의 종착지 '라디코파니'였다. 숙박 시설과 식당들이 잘 갖춰져 있는 것은 물론이고 마을 주민들의 비아 프란치제나에 대한 이해도가 높았다. 반면, 라치오 주를 걷는 동안에는 순례자로서 여러 가지 아쉬운 점이 많이 보였다. 어쩌면 그 덕분에 비아 프란치제나를 더 많은 사람에게 알려야겠다는 사명감이 들기 시작했다.

오후 6시가 되자 대부분의 상점이 문을 닫았다. 집집마다 텔레비전 소리와 왁자지껄 떠드는 소리만 간간이 새어 나왔다. 식당을 찾아 헤매다가 마트에서 간단한 요깃거리를 샀다. 올리브유로 유명한 마을답게 이지역에서 생산되는 올리브유를 특판 상품으로 판매하고 있었다. 이탈리아에는 '킬로미터 제로'라는 제도가 있어서 가까운 곳에서 생산되는 지역 농산물에 대해서는 세금을 거의 매기지 않는다. 같은 체인점의 슈퍼마켓이라도 지역마다 판매되는 상품이 다른 경우가 많다.

처음 보는 올리브유, 와인 브랜드들을 넋 놓고 구경했다. 베트랄라 올리브 재배자 협동조합에는 현재 500명 이상의 생산자 회원이 있고, 매년 150~250톤의 올리브유를 생산하고 있다. 이 지역 올리브유는 기후 조건에 맞는 여러 품종을 블렌딩해 독특한 향과 맛을 내는게 특징인 듯했다. 짙은 풀 향과 기침이 날 정도로 매콤한 맛도 났다. 이탈리아에서 올리브유, 하면 시칠리아, 풀리아, 토스카나 지역을 떠올리는데, 베트랄라 협동조합을 통해 라치오 주에서 생산되는 올리브유를 추가하게 되었다. 참고로 이탈리아인들의 72퍼센트 이상이 한 달에 1리터 이상의 올리브유를 소비할 정도로 음용하는 양이 어마어마하다.

우리는 매년 10~11월이 되면 신선한 풀 향 가득 머금은 갓 짜낸 올리브유를 구매하기 위해 좋아하는 농장을 직접 찾아간다. 나만의 좋은 올리브유 고르는 방법은 산도가 낮은 것, 냉압착 방식으로 짠 것, 그리고 정말 모르겠을 때는 가장 비싼 제품을 고른다. 다른 품목보다도 특히 이탈리아 음식 재료는 품질과 가격이 비례한다는 것을 체득했기 때문이다. 맛있고 좋은 것은 대부분 비쌌지만, 만족도 역시 그만큼 높았다.

비싼 집, 비싼 차, 좋은 옷은 못 가져도 맛있는 음식만큼은 마음껏 먹고 살자고 생각했다. 와인, 치즈, 올리브. 모두 유기농으로 가장 비싸고 좋은 것만 먹었다. 이탈리아에 사는 특권 중 하나라고 생각하며 누렸다. 자본의 그늘에서 벗어날 수 없는 백수 생활이 이어지면서 이를 포기하게 되는 날들이 지속되자 한없이 가라앉았다. 줄어드는데 가속도가 붙은 통장 잔액은 이미 바닥이 드러났고 숨통을 조여 왔지만, 슬픔이 존재하지 않는 소셜미디어 세계에서는 '즐거운 척 행복한 척' 했던 날도 있었음을 고백한다.

프레임 안에서 우리의 모습은 완벽했고, 마냥 행복해 보였을 것이다. 타인을 의식한 행복이 어디까지가 진짜이고 어디까지가 가짜인지 나조차도 알지 못했다. 힘주어 웃다가도 나는 자주 울었다. 왕, 하고 터뜨리지도 못할 울음을 꺽꺽, 서럽게 삼켰다. 생각해보면 나는 울 때 소리를 내지 않는 편이었다. 소리 내 우는 연습을 해본 적이 있었지만, 내 슬픔에 온전히 집중할 수 없어 속절없이 콧물만 흘렀다. 가슴 속 응어리를 토해내듯이 소리 내 울고, 배꼽이 빠져라 큰 소리로 웃고 싶었다. 아무도 신경 쓰지 않는 진짜 현실 세상에서.

숙소로 돌아와 저렴한 빵과 살라미를 이가 부러지도록 씹었다. 배가 고프지 않지만 시원한 맥주와 함께 몸속으로 꾸역꾸역 밀어 넣었다. 이때 내 모습은 간지럽고 푸르른 '청춘' 드라마의 한 장면 같았다. 돈이 없어도 잠깐의 고난에 함부로 초라해지지 말라고 아우성치는 젊음이 그곳에 있었다. 유난히 밝게 빛나던 달과 함께.

베트랄라 마을

베트랄라 사람들

day17 중세에서 고대로 역행

이제 여행이 끝나간다는 아쉬움과 집으로 돌아가고 싶은 간절함이 동시에 존재했다. 아직 400킬로미터를 다 완주하지도 않았는데 걷기 속에서 내 삶을 사유하기에 20일은 턱없이 짧게 느껴졌다. 원점으로 돌아가 처음부터 다시 걷고 싶은 마음이 강하게 솟아올랐다. 누구나 한 번쯤 여행하고 싶어 하는 내 집, 베네치아로 돌아가면 그곳을 찬양하는 수많은 관광객 속에서 나는 매 순간 이 길을 그리워하게 될 것임을. 그리고 여느 순례자들처럼 몇 번이고 다시 찾아와 같은 길을 걷게 될 것을 나는 확신했다.

길 위에 서면 누구나 지금까지 살아온 길과 앞으로 살아갈 길을 마주하게 된다. 우리네 인생과 닮았기 때문일까. 나는 걷고 있는 순간에도 벌써 '까미노 블루(Camino Blue, 까미노를 걷고 일상으로 돌아온 후에도 늘 그리워하는 마음)'와 같은 '비아 프란치제나 블루'를 앓고 있었다.

베트랄라-수트리

24킬로미터

지금은 운영하지 않은 작은 기차역을 벗어나자 거대한 숲길이 나타났다. 산과 바다를 탐닉해 왔지만, 숲을 일부러 찾아 떠난 적은 없었다. 우뚝 솟은 나무가 그늘을 만들고 흙길을 밟으며 그들이 뿜어내는 공기를 마시며 걷는 길. 왜 여태껏 숲의 매력을 몰랐을까. 괜히 나무를 한 번 쓰다듬고 맨발로 흙을 밟아보기도 했다.

비아 프란치제나를 걷는 동안 늘 그래왔듯이 이 커다란 숲이 온전히 우리 두 사람 차지가 되었다. 한 발 한 발 아무도 없는 심연 속으로 조심히 내디뎠다. 나무는 점점 빼곡한 그늘을 만들었고, 우리는 그 속에서 가슴 깊이 커다란 숨을 몰아쉬었다. 걷는 동안 비를 맞지 않은 것은 큰 축복이었지만 숲길을 걸을 때 비가 한 번 뿌려주면 좋겠다는 생각도 들었다. 습기를 잔뜩 머금어 더욱더 짙어진 풀과 흙이 뱉어내는 생동감 넘치는 냄새를 맡고 싶었다.

깊은 들숨 날숨을 내쉬면서 나는 어쩌면 여행을 냄새로 기억하는 '후각 형 여행가'일지도 모르겠다고 생각했다. 인상적인 장소에 멈추어 서서 핸드폰을 꺼내 사진 각도를 재기 전에 냄새부터 맡는 나를 여러 번 발견했다. 장소나 사람 특유의 냄새를 오래 기억하는 편이었다.

숲길을 지나자, 도토리처럼 생긴 열매가 달린 나무가 끊임없이 나타나기 시작했다. 이제 막 밭을 새로 갈아엎어 심기 시작한 아기 묘목에서부터 못해도 수십 년 이상은 되어 보이는 거대한 나무들이 또 다른 숲을 이루고 있었다. 자로 잰 듯 가로세로 일정한 간격으로 빽빽이 들어선 모습이 범상치 않아 보였다. 이 구간에서 우리가 걷는 길은 대부분 농지였다. 순례길 표시가 제대로 되어 있지 않고 사유지 같기도 한 길을 따라 걷느라 헤매기 쉬웠다.

몇 번이나 길을 헤매는 사이 다른 순례자 부부가 우리 뒤를 따라붙어 함께 걸었다. 은퇴 후에 순례길에 나섰다는 노부부였다. 시에나를 출발해 목적지를 정하지 않고 즐기면서 매일 천천히 조금씩 걷고 있단다. 아마도 로마까지 가게 될 것 같다고 웃으며 이야기하는 그들을 보며 내가 바라는 노후의 모습과 닮았다고 생각했다.

아내는 꽃과 나무와 인사를 나누느라 걸음이 느렸고 남편은 한마디 불평도 없이 사랑스러운 눈빛으로 그녀의 모습을 카메라에 담았다. 종이 지도를 보며 걷느라 길을 잘못 들기도 했는데 오늘은 앞서 걷는 우리가 먼저 헤매는 바람에 당신들은 우리 뒤를 따르기만 하면 되었다고 고마워했다. 여전히 서로를 조심스러워하고 배려할 줄 아는 부부 사이. 낯선 동양인들에게 감사를 표현하는 우아한 사람들. 이렇게 따뜻한 사람들이 비아 프란치제나를 함께 걷고 있었음에 다시 한번 저릿한 감정을 느꼈다.

이 길의 대부분을 차지한다고 해도 과언이 아닌 나무의 정체도 그들 덕에 알 수 있었다. 도토리가 아닌 개암나무(Hazelnut, 헤이즐넛)란다. 세계적인 누텔라 제조기업 페레로 가문이 '이탈리아 너트 프로젝트'를 시작하면서 이 지역 농지의 대부분에 개암나무를 심었다고. 2025년까지 자국 헤이즐넛 비율을 30퍼센트 이상 증가시키겠다는 목표를 가지고 있어서 생물의 다양성을 위협한다는 환경파괴 논란의 중심에 서 있기도 하단다. 부부와 앞서거니 뒤서거니 이야기를 주고받으며 카프라니카(Capranica) 마을까지 걸었다. 그들은 계속 걷고 우리는 쉬어갈 참이라 아쉬운 작별 인사를 나눴다.

개암나무

입구의 아치형 문을 통과하자 직선으로 쭉 뻗은 카프라니카 구시가지가 나타났다. 칸초니에레(Canzoniere)라는 서정 시집을 쓴 르네상스 대표 시인이자 인문학자인 프란체스코 페트라르카(Francesco Petrarca: 1304~1374)가 머물며 시를 썼던 곳으로 유명하다. 단테가 베아트리체를 사랑하여 그녀에 대한 글을 쓴 것처럼 페트라르카는 사랑하는 여인 라우라(Laura)의 아름다움을 찬미하는 시를 썼다.

> 나는 보았지, 지상에서 천사의 자태를
> 그리고 세상에 유일한 천상의 아름다움도
> (생략)
> 또 보았지, 수천 번이나 태양의 질투를 샀던
> 그대의 아름다운 두 눈이 눈물 흘리는 것을.
>
> -《세 개의 페트라르카 소네트(Tre sonetti di petrarca)》, 프란체스코 페트라르카

사랑하는 여인을 아름다운 글로 승화할 수 있는 표현력과 누군가의 뮤즈가 되어 마음껏 아름다움을 드러낼 수 있는 그녀가 진심으로 부러웠다. 둘의 사랑이 이루어지지는 못했지만, 그의 시는 불후의 명작이라고 불릴 정도로 오래도록 사랑받으며 노래로도 불리고 있다.

카프라니카 마을은 1950년대까지만 해도 응회암 절벽 위 성벽 안에 빽빽이 들어섰다가, 60년대 초부터 도시 확장이 이루어진 결과 지금의

모습이 되었다. 로마에서는 자동차로 한 시간 거리이며 비코 호수를 옆에 끼고 있어서 별장 또는 휴가지로 인기 있는 마을이었다. 잠시 발을 꺼내어 숨을 쉬게 한 후에 우리는 다시 걷기 시작했다. 아까보다 조금 더 울창하고 습기를 가득 머금은 숲길을 지나 수트리(Sutri)에 도착했다. 역시 마을 입구부터 범상치 않은 기운이 뿜어져 나왔다.

아! 로마로 갈수록 중세가 아니라 고대로 점점 역행하고 있구나!

소름이 돋았다. 로마 문명의 바탕을 이룬다는 에트루리아인의 흔적이 가득한 수트리움(Sutrium, 지금은 수트리라고 불린다). 수트리는 농업과 상업의 중심지로서 청동기 시대에 기원을 두고 있지만, 에트루리아 지배 기간에 가장 폭발적인 성장과 발전을 이루어냈다.

에트루리아는 기원 전 900년부터 기원전 200년 무렵까지 이탈리아 중북부 지역에 있던 고대국가이다. 가장 세련되고 신비로운 유럽 문명을 가지고 있으며, 아직도 그 실체가 제대로 알려지지 않았다. 에트루리아인이 로마인에게 전해주었다는 아치 형태의 건축기술은 지금 봐도 견고하며 경이롭고 현대적이기까지 하다. 투시아 지역 중에서도 그들의 숨결을 잘 느낄 수 있는 마을이 바로 수트리(Sutri)이다. 멀리서 정체가 어렴풋하게 드러날 때부터 응회암 절벽 위에 서 있는 마을의 분위기에 이미 완전히 압도되었다. 흙빛 고대도시 수트리는 그야말로 옛날의 모습을 그대로 간직한 채 사람들만 바뀌어 생활하고 있는 것 같은 착각에 빠져들게 했다.

2차선 좁은 도로를 사이에 두고 왼쪽은 수트리, 오른쪽은 고고학 공원(Parco Archeologico di Sutri)이 있었다. 고고학 공원 안에는 로마 시대의 여러 유적이 온전히 남아있었다. 가장 압도적인 것은 짙은 회색빛의 거대한 절벽 안으로 수십 개의 구멍이 뚫려 있는 미로 형태의 암석 무덤. 네크로폴리(Necropoli)라고 불리는, 응회암을 파서 만든 고대 로마 시대 무덤의 전형적인 예시였다. 1층에만 60개 이상의 무덤이 있고 계급에 따라 각각의 크기가 달랐다. 시간이 흘러 마구간이나 헛간으로 사용되면서 훼손이 심했지만, 그 모습 그대로 일반인들이 볼 수 있게 공개되어 있다. 그 옆에는 콜로세움처럼 로마 시대에 만들어진 원형 극장이 있었다. 한 번에 3천 명 이상의 인원을 수용할 수 있을 만큼 규모가 컸다. 그때의 위상에 비하면 지금은 수풀이 우거져 흉물스러운 모습이었다.

언덕 위의 마을, 그리고 신비로운 유적지 앞에 우뚝 서서 멍하니 입을 벌리고 있는 나와 달리 사람들은 아무렇지도 않게 공원에서 소풍을 즐기고 있었다. 수천 년 유적을 지켜내고 전혀 이질감 없이 공존하며 살아가는 그들의 문화 덕분에 나도 참 많은 것을 누리며 살고 있다. 거리에서 만나는 수백, 수천 년 된 유적도, 어릴 적 책에서만 보던 그림을 직접 만나는 일도 당연한 것이 아니었다. 이탈리아에 살면서 내가 누리는 모든 예술과 문화는 그것을 지켜내려는 수많은 사람의 노력과 끊임없이 향유하는 사람들 덕분에 유지되고 있었다. 내 눈앞에 수 세기가 한 번에 공존하는 이 상황이 갑자기 꿈인 것처럼 느껴졌다.

수트리의 프란체타 문(Porta Franceta)을 통해 마을로 들어가자, 모자이크처럼 촘촘히 꿰어 맞춘 오래된 돌바닥이 모습을 드러냈다. 그 위에 벽의 칠이 다 벗겨진 집이 뒤죽박죽 각자의 모양으로 서 있었다. 아낙들의 빨래터 유적과 시계탑이 이 마을의 역사를 짐작하게 했다.

인포메이션 센터에서 지도를 받아 성당을 비롯한 마을의 유적지들을 둘러보았다. 1207년에 축성된 산타마리아 아순타 성당(Cattedrale di Santa Maria Assunta)은 수트리에서 가장 중요한 로마네스크 양식의 성당이었다. 독특한 바다 모자이크 장식 때문에 많은 이들이 찾는 곳이었다. 계단을 따라 지하로 내려가자 8개의 본당으로 나누어진 직사각형의 크립타(Cripta, 교회 지하에 있는 무덤 또는 예배당) 유적이 나왔다. 어두컴컴한 지하 동굴의 프레스코화와 쭉 뻗은 기둥이 신비로운 분위기를 자아냈다. 수트리만의 오래된 분위기를 느낄 수 있는 시청 앞 광장과 간헐적으로 물이 흘러내리는 분수대를 바라보면서 지친 다리를 쉬다 보니 어느새 저녁 시간이었다.

유니폼을 입은 사람들이 흥분해 있는 모습을 보아하니 오늘 또 축구 경기가 있는 날인가 보다. 웨일스와 이탈리아의 16강전. 중요한 경기였다. 식당들은 아예 문을 닫거나 커다란 텔레비전 화면을 광장 밖으로 꺼내 놓았다. 이미 동네 사람들은 야외 의자를 한 자리씩 차지하고 있었다.

이탈리아에 살다 보니 이들에게 '축구'는 거의 '종교'나 매한가지라는 사실을 알게 되었다. 단순히 스포츠 경기가 아니라 할아버지, 아버지 그리고 그 아들까지 대대로 애정하는 축구팀을 물려받아 그들을 응원하며 한평생을 보내는 것이다. 이탈리아의 사교육은 수학, 영어처럼 교과목 위주가 아니다. 남자아이들 대부분은 축구클럽에 다니며 유년기 시절을 보내고, 실력이 출중하면 점점 큰 리그로 옮겨서 프로 선수로 데뷔하기도 한다. 프로 리그에 뛰는 선수가 나왔다면 동네 스타가 되는 건 시간 문제. 프로 선수를 배출한 축구클럽은 우리나라 1타 강사 못지않은 인기를 누리기도 한다.

문을 연 식당에 겨우 한 자리를 차지하고 앉았는데, 주인도 요리사도 축구를 보느라 도무지 주문받을 생각을 하지 않았다. 식당에서 밥을 달라고 조를 수도 없는 상황이라니. 축구 경기가 시작되자 맥주잔을 든 사람들 사이로 무수한 함성과 거친 욕이 섞인 탄식이 오갔다. 긴장감이 감돌았다가 환호가 터져 나오기도 했다. 서너 시간이 흘렀을까. 이탈리아의 16강전 진출이 확정되었고 그야말로 동네 전체가 아수라장이 되었다. 우승도 아니고 16강전에 진출했을 뿐인데 나라가 독립이라도 한 것처럼 들썩였다. 축구에 이토록 진심인 나라라니. 중심 광장 코앞이 우리 숙소인데, 오늘도 잠들기는 틀렸구나. 남편과 나는 망연자실해 실소가 터져 나왔다.

축구 응원에 여념이 없는 무리 속에서 낮에 만났던 독일인 부부와 눈이 마주쳤다. 당신 마음 내가 안다는 듯, 맥주잔을 높이 들고 누언의 선배를 외쳤다.

카프라니카 마을

응회암 언덕 위의 수트리

수트리 마을

수트리 고고학 공원

S. Pietro

Roma

La via Francig

day18 글을 쓰고픈 이유

'책임감'일까 '의무감'일까 어쩌면 둘 다일 것이다. 이 무렵 비아 프란치제나를 걸은 사람에서 그치지 않고 이 길에 대한 글을 써야겠다는 생각을 했다. 일상을 벗어나 온전히 걷는 행위에 집중하며 그 과정을 '쓰는' 날들은 단순하면서도 무한히 깊고 넓은 심연의 세계로 빠져드는 것 같았다. 몸은 힘들어 쪼그라들어도 사색과 깨달음을 통해 마음이 펴지는 신기한 경험이었다.

나는 힘들었던 순간마다 차오르는 분노를 쓰는 행위로 표출해 왔다. 행복할 때는 궁둥이를 붙이고 글을 쓸 필요가 없었지만, 분노와 불안은 매일 나를 쓰게 했다. 글쓰기를 생활화한 뒤로는 나에게 다가오는 모든 어려움이 대수롭지 않게 여겨졌다. 힘들 땐 글을 썼고, 내 글을 읽고 공감해 주는 사람들을 통해 힘을 얻었다. 집 밖으로 한 발짝도 나갈 수 없는 여러 번의 봉쇄를 겪는 동안에도 마찬가지였다. 그렇게 첫 번째 책을 출간했다. 그토록 바라던 '작가'라는 명함이 생겼다. 그 이름이 너무도 묵직해서 부담스러울 때도 있었지만, 누구의 아내가 아니라 '김혜지 작가'라는 호칭은 지금까지도 쓰기를 지속하는 큰 원동력이 되었다.

수트리-캄파냐노 디 로마
24킬로미터

남쪽으로 왔다고 느끼기 시작한 것은 내가 그리워했던, 이탈리아 사람 특유의 오지랖이 시작되었기 때문이었다. 물론 좋은 의미이다. 유난히 여기로 가야 한다, 저기는 안 된다, 로마까지 갈 거냐, 쉬었다 가라… 길에서 만나는 동네 사람들은 우리를 가만두지 않았다. 차를 타고 가던 어르신 한 분은 직진하다가 터널을 만나면 좌회전을 하라는 등 묻지도 않은 길을 알려주고 떠났다. 길에서 만나는 사람들은 누가 봐도 외국인인 우리에게 당연하다는 듯이 이탈리아말만 했다. 알아듣지 못해도 상관없다는 듯이 본인이 할 말을 끝까지 내뱉은 뒤 유유히 사라졌다. 정말 그리웠던 오지랖이었다.

이탈리아 남부와 북부는 지역 간 소득만큼이나 사람들 간의 온도 차이도 꽤 큰 편이었다. 로마와 베네치아에서 각각 3년씩 살아보니 남쪽 사람들은 정서가 따뜻하고, 훨씬 인간적이었다. 그에 반해 북쪽 사람들은 체계적인 반면 가끔은 차갑게 느껴졌다. 로마에서 처음 베네치아에 왔을 때 사람들의 무뚝뚝한 모습에 괜히 혼자 배신감을 느끼기도 했다.

단골 카페에 아침을 먹으러 가면 왜 나를 아모레(Amore, 이탈리아 사람들이 서로를 부르는 애칭) 또는 까라(Cara, 여성을 사랑스럽게 부르는 말)라고 불러주지 않는지 의아했다. 북쪽 정서에 지금은 익숙해졌지만, 남쪽의 친근하고 애정이 어린 말투와 특히 사람들이 가끔 그리웠다.

길에서 만난 온기 가득한 참견 덕분에 우리는 더 힘을 내 중간마을인 몬테로시(Monterosi)까지 쉬지 않고 걸었다. 간단한 아침 식사를 하고 다시 길을 나서려는데 아까 우리에게 길을 알려주었던 아저씨가 반갑게 인사하면서 또다시 손가락을 허공으로 휘저으며 아는 체를 했다. 고맙다고 꾸벅 인사를 하고 그 길을 따라갔다. 아저씨의 따뜻한 눈길이 뒤꽁무니에서도 느껴졌다.

시골길에서는 못해도 500미터마다 순례길 표식이 있지만, 오히려 마을 안에서는 찾기가 어려웠다. 그럴 때는 GPS에 의존하거나 마을 주민에게 물어야 했다. 이렇게 나서서 알려주는 사람들이 있으면 나도 모르게 더 힘이 났다.

몬테로시 마을

어제와 마찬가지로 여전히 개암나무가 많이 보였다. 지금은 초록색이지만 9월이면 열매가 갈색으로 무르익어 바닥에 우수수하고 떨어지겠지. 매 계절 색다른 모습을 보여줄 것을 상상하자, 봄에도 가을에도 똑같은 길을 다시 걸어보고픈 충동이 강하게 일었다.

때마다 자연은 우리에게 정말 많은 것을 내어주었다. 도시에서 늘 바쁘다는 이유로 주변을 살필 새 없이 살았다. 백수가 된 이후에도 하늘 한 번 제대로 올려다볼 여유가 없었다. 물리적인 시간이 많아질수록 나도 모르게 더 조급해졌다. 여유로운 삶을 위해 선택한 유럽에서 계절이 어떻게 바뀌는지도 모르고 지나쳤음을 깨달았을 때, 나는 뒤통수를 세게 얻어맞은 기분이 들었다. 자연은커녕 주변 사람들, 아니 가장 가까이 있는 나 자신조차 돌아볼 겨를이 없었다.

나는 천성이 가만히 있는 걸 못 견뎌 했다. 이탈리아 중학교 교육 과정을 이수하고, 재봉틀과 그림을 배우고, 눈에 불을 켜고 전시회와 투어를 쫓아다녔다. 남편 말에 의하면 나는 돈 되는 것만 빼고 뭐든 전투적으로 시도하는 사람이었다.

이탈리아어를 읽을 수 있게 되자 마치 까막눈이었다가 글을 깨우친 사람처럼 한동안 활자에 중독되었다. 점점 더 많은 것이 보이고 알게 되면서 이탈리아에서의 삶도 안정되었고 남편에게 의존하지 않고 혼자 할 수 있는 일도 늘어났다. 오히려 도움을 줄 수 있는 일이 많아졌다. 특히나 언어 문제는 내가 나서서 해결했다. 금전적으로 남편에게 의지해야 하는 주부였으나, 남편이 나에게 의지할 수 있는 것이 하나쯤 있다는 생각에 이탈리아어에 대한 욕심은 더욱 커져만 갔다.

대학 입학까지 고려하던 시기에 코로나가 터졌다. 그리고 모든 것이 멈췄다. 한동안은 철저히 온라인 세상에서 모든 것이 이루어졌다. 팬데믹으로 인한 불안함과 남아도는 시간은 나를 점점 어둠 속으로 몰아넣었다. 언제쯤 상황이 괜찮아질지, 일상을 되찾을 수 있을지 두려웠고 무엇보다 이탈리아에서의 삶을 지속할 수 있을지에 대한 의문이 생겼다. 이것이 우울증일까. 밑바닥이라는 생각이 들 만큼 힘든 시기에 성지 순례길을 알게 되었다. 많은 이들이 순례길을 통해 살아갈 용기를 얻었다는 말을 간절히 믿고 붙잡고 싶었다. 아니 반드시 그래야만 했다.

나에게는 이 길이 정답이어야 했으나, 길이 나에게 답을 제시해주지는 않았다. 다만 계속해서 길을 내어줄 뿐이었다. 포기하고 싶을 때도 있었고 만만하다 생각될 때도 있었지만 내딛는 걸음 속에서 모든 상황을 수용할 수 있는 용기와 힘을 얻었다. 무조건 빨리 갈 필요도 없었다. 느리게 두 발로 걸을 때 나는 비로소 안정감을 느꼈다. 천천히 나를 돌아보며 걷는 법, 즉 자연을 음미하며 살아가는 법을 길에서 깨달았다.

한참을 걷다 보니 트레야 공원(Parco valle del Treja)이 나타났다. 물이 흐르는 길을 따라 내려가자 몬테 젤라토 폭포(Cascata di Monte gelato)에서 시원한 물이 쏟아졌다. 벌써 물에 젖은 사람들이 점심용 샌드위치를 사기 위해 터벅터벅 걸어 올라오고 있었다. '정말 시원하겠다!' 부러운 눈길로 바라보면서 나는 코카콜라를 벌컥벌컥 들이켰다. 물에 뛰어들고 싶은 마음은 굴뚝 같았지만, 푹신한 침대에서 꿀맛 같은 낮잠을 자고 싶은 마음이 더 컸다. 오늘 숙소 주인은 일본인이었는데 우리가 순례자라는 것을 알고 일찍 체크인을 할 수 있도록 배려해 주었다. 내가 알고 있는 일본어를 총동원해 감사함을 전했다.

캄파냐노 디 로마(Campagnano di Roma)의 구시가지 중심 광장에는 돌고래 분수와 몇 개의 식당과 바가 있고, 직선거리 양옆의 대부분은 오래된 집들이 자리하고 있었다. 신시가지로 가자, 훨씬 더 넓은 광장이 나타나면서 비로소 활기가 느껴졌다. 아이들은 롤러스케이트를 타고 어른들은 산책을 즐겼다. 그곳에서 우리는 라디코파니에서 만났던 쟈코모 형제와 재회하게 되었다. 우리보다 걸음이 배는 빨라서 이미 로마까지 갔을 줄 알았는데, 정말 반가웠다. 그러나 반가움도 잠시, 갑자기 형인 쟈코모가 뚱딴지같은 소리를 했다.

"우리는 여기서부터 로마까지 버스를 타고 갈 거야."
"뭐라고? 얼마나 중요한 순간인데 왜 버스를 타겠다는 거야?"
"내일부터 로마까지는 대부분 아스팔트 도로가 이어질 거야. 시끄러운 자동차 소리는 이제 질린다고."
"그렇구나. 잘가. 우리는 언제 어디서든 길에서 또 만나자고."

로마 외곽으로 진입하는 내일부터는 흙길을 거의 만날 수 없다. 그래도 내 마음속의 동지가 버스를 타겠다고 하니 그 순간에는 마음이 조금 흔들렸다. 바티칸에 입성하는 감동적인 순간을 두 발로 걸어 마주하고 싶었다. 최소한 인도와 차도는 제대로 분리되어 있기를 바라며, 그렇게 형제와 작별의 인사를 나누었다.

활력이 넘치는 동네 사람들은 해가 질 무렵까지 말하는 것을 멈추지 않았다. 마치 '누가 말을 많이 하나' 대회라도 출전한 사람들 같았다. 이렇게 말하는 것을 좋아하는 사람들이 코로나의 봉쇄 기간을 어떻게 버텼을까. 안쓰러운 마음이 들다가도 참 이탈리아 사람답구나 싶어 웃음이 났다.

그나저나 무슨 이유 때문인지 종일 꽁해있던 남편은 숙소로 돌아와 갑자기 날벼락 같은 울분을 토해내었다. 어리둥절한 나는 그의 말에 한마디 대꾸도 없이 듣고 있는 척을 했으나 사실 속으로는 딴생각을 하고 있었다. 광장에서 만났던 말 많이 하는 사람들처럼 그의 잔소리는 한번 시작되었다 하면 한두 시간 만에 절대 끝나지 않았다. 이날의 이야기를 요약하자면 왜 내가 자신의 의견을 존중하지 않는지, 어린아이처럼 징징대는지 등에 관한 것이었다. 사소한 것에서 시작하더니 '돈' 이야기로 흘러갔다.

순례길을 걷는 동안 모든 일정 및 선택권을 남편에게 맡겼지만, 어제 수트리 마을에서 꼭 묵고 싶은 스위트 하우스가 있었다. 가격은 75유로. 남편이 원하는 숙소는 50유로였다. 그는 내 의견을 따라주었으나 25유로나 더 비싼 숙소가 영 마음에 들지 않았던 것이었다. 걷는 내내 마음이 좋지 않았고, 막바지에 모든 불만이 폭발했다. 겨우 25유로 때문에 이렇게 화를 내나 싶어서 나는 서러운 마음에 그만 펑펑 울어 버렸다.

"그렇게 돈이 아까우면서 왜 여행을 멈추지 않는 건데?"

남편은 쉽게 답하지 못했고 나는 더 서럽게 울었다. 남편이 화를 낸 이유가 비단 돈 때문만은 아니었음을 안다. 아무렇지 않은 척했으나 그도 불안했을 것이다. 과연 이 길이 맞는지, 우리가 이 여행을 지속해도 되는지, 이탈리아에서의 삶을 계속 붙잡아도 될지… 끊임없이 다독이며 걸어왔지만, 끝이 보이지 않는 불안한 상황 속에서 스스로에 대한 의심마저 들기 시작했다고 그가 말했다.

"솔직하게 고백해줘서 고마워."

내가 먼저 손을 내밀었다. 그가 말없이 나를 꼭 안았다. 그의 품에서 나는 마지막 울음을 토해냈다. 우리는 가끔 겨울처럼 냉정하게 얼어붙었다가 다시 봄처럼 서로를 녹였다. 부부는 여러 번의 봄과 겨울을 오가며 단단해지는 존재인 것 같다. 아슬아슬하게 얼어붙은 겨울이 지나면 따뜻한 봄이 오고, 서로에게 낸 생채기에도 새살이 돋을 거라고 나는 믿었다.

남편만이 아니라 사실 나도 수많은 감정선을 오갔다. 내면의 슬픔과 두려움을 보았고, 눈물 나게 행복했다가 진짜 주체할 수 없이 눈물을 흘렸다. 바짝 긴장했다가 완전히 놓아버리기도 했다.

나열하다 보니 내가 글을 쓰고 싶었던 이유를 알았다. 걷는 행위와 쓰는 행위가 놀랍도록 닮아 있었다. 괴롭지만 황홀경에 한 번 빠지면 헤어나올 수 없을 만큼 매력적이고, 돈 한 푼 들이지 않고 나를 들여다볼 수 있는 가장 효율적인 수단이었다. 부지런히 움직여 걷고 궁둥이를 붙여 쓰는 일을 생활화하는 사람은 매일 충실한 삶을 살 수밖에 없겠구나. 걷는 도중 끼적인 메모에 생각나는 대로 감상을 덧붙이며 순례길에 관한 책을 쓰겠다는 원대한 꿈에 부풀었다.

몬테 젤라토 폭포

캄파냐노 디 로마 마을

day19 길이 나에게 일러준 깃늘

길이 아니라 내가 보이기 시작했다. 길에서 나는 끊임없이 내팽개쳐졌다가 스스로 다시 일어나 걷고 있었다. 나의 나약함과 한계를 마주하면서 나의 강인함을 발견하게 된 것이다. 체력이 약해서, 무릎이 아파서, 힘들어서… 여러 핑계를 대며 포기를 말했지만, 해냈다. 내가 생각했던 나와는 다르게 하루 일곱 시간 이상, 이십 일 동안 걸을 수 있는 사람이 바로 '나'였다. 물론 길 위에서 만난 극단적이고 허무맹랑하기까지 한 모습도 나의 일부였다. 걷는 행위는 끊임없이 나를 객관화하고 발견해가는 과정이었다. 그러므로 단순히 공간적인 의미에서의 완주가 목표가 되어서는 안 될 것이다. 내면의 진정한 나를 만나야 비로소 끝나는 게 순례길의 여정이었다.

캄파냐노 디 로마–라 주스티니아나

26.7킬로미터

자코모 형제의 말대로 아스팔트 도로만 연달아 걸은 하루였다. 다행히 주변이 울창한 나무로 둘러싸여 있어서 삭막하지만은 않았다. 처음에는 오르막길이었다가 내리막길을 한참 동안 걸었다. 내가 무릎이 아프다고 말하자 남편은 지그재그 'Z'자 형태로 걸어보라는 시늉을 했다. 효과가 있는지 모르겠지만 다른 방도가 없으니 그저 시도해보는 수밖에. 이 길에는 소르보 성지(Santuario del Sorbo) 표시와 함께 커다란 나무 십자가가 계속해서 나타났다. 큰길 양옆 골짜기에 드물게 집이 몇 채 있었다. 소르보 성지에 도착했을 때는 마침 아침 미사 시간이었다. 방해가 되지 않게 조용히 앉아 미사를 드렸다. 아담한 규모의 예배당에는 수녀님과 수사님 몇 분이 계셨다. 미사가 끝나자 순례자인 우리의 안위를 빌어주셨다.

이 구역 전체는 베이오 자연공원(Parco di Veio)에 속할 만큼 깊은 산골이었다. 미사에 참석하려면 일부러 찾아와야 하는 위치였다. 슈퍼는커녕 택배도 제대로 도착하지 못할 것 같았다. 자연공원이라는 이름답게 야생동물 보호구역 표지판이 자주 보였고, 소 떼, 말 떼가 자유롭게 돌아다니며 풀을 뜯고 있었다. 걸을 때마다 하얀 먼지가 풀풀 날리는 길을 걸으며, 로마까지 36킬로미터가 남았다는 하얀색 표지석을 발견했다. 내일이면 드디어 로마에 도착한다는 사실이 믿어지지 않았다.

길을 막고 도무지 비켜줄 기미가 없는 동물 떼 사이로 길을 트며 걷다가 베이오 자연공원에 면해있는 포르멜로(Formello) 마을에 도착했다. 마침 배가 고프던 참이라 빨간색 차양막이 눈에 띄는 카페에 풀썩 걸터앉았다. 옆 테이블을 바라보니 소르보 성지에서 함께 미사를 드렸던 부부가 있었다. 아침으로 글쎄 생맥주와 샌드위치를 먹고 있었다. 내가 엄지를 들어 보이자 그들은 수줍은 듯 발그레하게 웃었다. 베네치아에서 불과 20여 킬로미터 떨어진 트레비소(Treviso)라는 마을에 살고 있다는 부부였다. "트레비소와 베네치아 중간 어디쯤에서 걸어서 만나자." 라고 농담을 할 만큼 유쾌한 부부였다.

길에서 걷는 사람을 만나면 정말 반가웠다. 같은 길을 걷는다는 동질감도 강하게 느꼈다. 그들은 맥주를 한 잔 더 마실 참이라고 해서 우리 먼저 길을 나섰다. 이솔라 파르네제(Isola Farnese)까지 이어진 울퉁불퉁한 돌길은 맨정신으로도 걷기 힘들었다. 맥주를 1리터나 마셨을 부부가 괜찮을지 걱정되었다.

포르멜로는 작지만 활기찼다. 아기자기한 꽃으로 장식된 거리에서 사람들은 큰소리로 서로 인사를 나누었다. 청과물 시장에는 아침부터 긴 줄이 늘어서 있었다. 귀여운 클래식카 '피아트 500'을 색깔별로 만났다.

클래식 자동차보다 더 귀여운 할머니 할아버지들이 신나게 드라이브를
즐기는 모습에 나도 모르게 웃음이 났다.

베이오 자연공원 야생동물 주의 표지판

소르보 성지

함께 아침 미사를 드렸던 이탈리아 부부

포르멜로 마을을 지나자 라치오구단의 축구 연습장이 나왔다. 검은색 고급 세단에 정장을 멋지게 차려입은 사내들이 경계를 늦추지 않으며 누군가를 기다리고 있었다. 축구에는 관심도 없으면서 혹시 선수들을 볼 수 있을까, 괜히 까치발을 들었다가 검은 사내와 눈이 마주쳐 머쓱해졌다. 다시 광활한 목초지와 함께 두 갈래 표지판이 나타났다. 갈림길 중 하나를 선택해서 걸은 후 이솔라 파르네제(Isola Farnese)에서 만나는 길이었다.

1) 프란치제나 공식 루트. 5.5킬로미터. 몬테 미켈레 에트루리아 묘지
2) 변형 루트. 4.5킬로미터. 응회암 채석장

이번에는 조금 더 긴 1번 길을 선택했다. 끊임없이 우거진 목초지를 걷는 동안 에트루리아인들, 고대 로마인들의 유적이 발굴되었다는 표지판이 나타났다. 철조망 사이의 나무 문을 통과하자 몰라 폭포(Cascata della Mola)와 이솔라 파르네제가 나타났다. 그 이후로 사람이 사는 주택단지가 이어지고 라 스토르타(La Storta) 마을부터는 익숙한 자주색 로마 시내버스 아탁(ATAC)이 검은 연기를 뿜으며 지나갔다.

드디어 우리가 로마 끄트머리까지 왔구나. 역시 로마는 로마였다. 정말 아무데서나 오줌을 갈겨도 전혀 이상할 것이 없는 분위기였다. 길은 말도 못 하게 더러웠고 쓰레기통에는 생활 쓰레기뿐만 아니라 각종 오물이 넘쳐흘렀다. 집시로 보이는 이들이 쓰레기 더미 속에서 입을 만한

옷가지를 바쁘게 추려내고 음식물을 뒤지고 있었다. 일부 구간은 인도가 없어 아쿠아펜덴테의 악몽이 되살아나기도 했다.

로마 시내에서는 볼 수 없었던 족히 20층은 되어 보이는 고층 아파트와 빼곡히 들어선 낮은 주택들, 그리고 잔뜩 성이 나 보이는 사람들, 자동차, 쓰레기가 뒤섞여 지금까지 느껴보지 못했던 최악의 악취를 풍겼다. 운전자들은 꽉 막힌 도로에 갇혀 화가 난 표정으로 전화기에다 소리를 지르거나 차 문을 열고 밖으로 나와 담배를 피워대기도 했다. 이렇게 통행량이 많은 도로에 2차선이 웬 말인가. 도로는 점점 좁아졌다가 다시 4차선과 2차선을 넘나들었다. 설렘 가득할 법한 막바지 구간이었으나, 내가 바라고 기대하던 모습이 아니라는 것만은 분명했다. 쟈코모 형제가 왜 버스를 타기로 했는지 이해할 수 있었다.

'라 스토르타(La Storta)' 마을에는 마땅한 숙소가 없어서 2킬로미터를 더 걸어 '라 주스티니아나(La Giustiniana)'에서 묵기로 했다. 숙소는 분명 호텔이라는 이름이 붙어 있었지만, 현지인들이 사는 주택단지 한 동이 객실 역할을 했다. 창문을 열면 사생활 침해 신고를 해도 무방할 정도로 가까운 거리에 있는 남자들이 팬티 한 장만 걸친 채 텔레비전을 보고 있는 장면과 마주쳤다. 순례길에서 만난 마지막 노을도, 민망함과 도시의 소음에 완전히 묻혔다. 아쉬웠지만 로마에 걸어서 도착하는 벅찬 순간을 상상하면서 우리끼리 축배를 들었다.

day20 로마를 만나다

어떤 존재가 분명 우리를 지켜주었다는 생각을 떨칠 수 없었다. 걷는 동안 한 번도 위험한 상황에 놓이지 않았다. 400킬로미터를 맨몸으로 걷는 동안 크게 다친 곳도 없었다. 다리에 근육이 차올랐고, 몸과 마음은 훨씬 건강해졌다. 삶에 불필요한 군더더기들을 털어낸 듯 홀가분해졌다.

로마에 입성하는 날, 마지막을 향하는 우리에게 다양한 응원의 메시지가 쏟아졌다. '순례하느라 욕본다. 마지막까지 파이팅!' 특히, 아버지가 보낸 짧은 문자에서 그동안 묵묵히 우리를 응원해주고 있었다는 사실을 알았다. 아버지는 지금까지 단 한 번도 나에게 먼저 메시지를 보낸 적이 없었다. 유튜브 보는 방법도, 혼자서는 빨래도 할 줄 모르던 분. 엄마가 우리 곁을 떠나고 난 뒤, 변화하는 삶과 자신의 감정에 적응하고 표현하기 위해 무던히 노력했으리라. 아버지가 꾹꾹 눌러 담은 문장에 가슴이 찡하면서도 애잔했다. 바티칸에 도착한 후 아버지에게 가장 먼저 답장했다. '아버지, 이길을 꼭 함께 걸어요.'

말로 하는 어떤 위로도 내가 사랑하는 존재의 부재를 완전히 치유해주지는 못한다. 가끔 더 깊이 파고들어 생채기를 내기 일쑤다. 이 길을 걸어본 나는 이제 안다. 시간이 흘러도 쉬이 상처가 아물지 않을 때는 길이 나를 위로해 줄 수 있다는 사실을. 내가 받은 위로가 아버지에게도 가닿기를 간절히 바랐다.

라 주스티니아나-로마

14.6킬로미터

오늘은 일찍 출발하고 싶지 않았다. 이 여정의 마지막 페이지가 끝나는 것이 아쉬워 여유 있게 아침을 먹고 더 천천히 오래 쉬면서 걸었다. 점점 남쪽으로 내려오면서 풍경은 밋밋해졌지만, 물가가 저렴해진다는 장점이 있었다. 카푸치노 1유로, 빵은 90센트. 내가 사는 베네치아에 비하면 거의 절반에 가까운 금액이었다. 내가 로마에서 이렇게 저렴한 물가로 살았구나! 감탄하면서 물을 챙겨 다시 걷기 시작했다. 이렇게 물을 짊어지고 다니는 것도 오늘이 마지막이겠지. 등산복도 낡아빠진 운동화도 당분간은 안녕.

매연 가득한 도시를 지나 라 주스티니아나가 끝나는 지점에서 우측으로 이어진 가시덩굴 가득한 숲길을 한참 걸었다. 가시에 찔린 종아리와 팔에서 붉은 피가 흘렀다. 로마를 향하는 이들에게는 의미 있는 막바지 구간이고, 로마를 시작으로 비아 프란치제나를 마주하는 사람들에게는 첫인상을 결정하는 구간. 기대에 부풀었던 것과 달리 우거진 가시덩굴에 실망감을 감출 수 없었다. '로마'라는 도시가 관광지로서뿐만 아니라 순례길에서도 의미하는 바가 크기 때문에 아쉬움이 더 컸다. 완벽하게 아름답기만 한 여정보다 불완전한 모습이 어쩌면 완전할 수 있다고 생각하며 마음을 다스릴 수밖에 없었다.

가시덩굴

가시덩굴을 빠져나와 인수게라타(Insugherata) 라고 불리는 녹지대 사이를 걸었다. 여전히 잘 정비되어 있지 않은 로마 시대의 유적과 표지판이 곳곳에 서 있었다. 비아 프란치제나 표지판을 찾기가 어려워 여러 번 길을 잃었다.

비아 트리온팔레(Via Trionfale)에서부터 사람들이 모여 사는 로마 외곽 도시가 나타났다. 미리 간단히 점심을 먹고, 다 떨어진 남편의 등산화를 대신할 새 운동화를 구매했다. 거기서부터 몬테 마리오(Monte Mario) 언덕까지 계속해서 찻길 옆 인도를 따라 걸었다. 초록의 싱그러움이 그리워질 때쯤 구글 지도를 따라 작은 공원 입구로 들어섰다. 범상치 않은 울창한 숲길이 나타났고 전혀 예상치도 못한 순간, 갑자기 로마 시내가 한눈에 내려다보였다. 바로 해발 139미터의 몬테 마리오 언덕이었다.

로마의 여름답지 않게 습하고 미세먼지 가득 낀 희뿌연 하늘, 회색 도시 속에서도 바티칸의 쿠폴라만큼은 선명하게 눈에 들어왔다. 로마 시내는 다 꿰뚫고 있다고 생각했는데 처음 와보는 전망대가 있다니. 발밑을 내려다보면서 바티칸까지 남은 거리를 가늠해 보았다. 남편은 아무런 말 없이 복잡 미묘한 표정을 짓고 있었다. 어떤 기분이었는지 묻지는 않았지만, 후련함보다 길이 끝난다는 것에 대해 아쉬움이 더 크지 않았을지 짐작해 볼 뿐이었다. 간절히 가닿고 싶은데도, 어쩐지 발걸음이 떨어지지 않았다.

이탈리아로의 이주를 결심하고 처음 3년을 살았던 도시가 로마였다. 아는 사람 하나 없는 타지에서 적응하고 살아가기 위해 발버둥 쳤던 시간이 선명하게 스쳐 지나갔다. 남들이 부러워하는 유럽에서의 삶이지만, 그들의 말을 못 해 서러웠고, 남편을 기다리는 일이 내 일상의 전부인 날들의 연속이었다. 엄마가 보고 싶어 매일 밤 눈물을 훔쳤다. 허울만 좋은 삶이라 생각한 적도 있었다. 해외여행 한 번 제대로 해본 적 없던 나에게 타국이라는 불안감은 작은 실수만으로도 아슬아슬 불길했다. 그만큼 예민했고, 조심스러워 푸른 하늘조차 마음껏 즐기지 못했다. 그 시간이 너무도 치열하고 고되어서 여행으로도 다시는 가고 싶지 않을 정도였다. 하지만 로마는 역시 로마였다. 불행하게만 느껴졌던 로마가 너무 아름다워서 눈물이 났다.

감정을 급하게 추스르고 40여 분을 울퉁불퉁한 돌길을 따라 걸어 내려갔다. 다른 도시는 범접할 수 없는 로마만의 도도하면서 웅장한 분위기에 감정이 점점 격앙되었다. 치프로 지하철역을 지나자 눈 감고도 찾을 수 있을 만큼 익숙한 길이 나타났다. 건널목을 건너고 상점들을 지나 베드로 성당 옆구리로 들어섰다. 바티칸 티켓, 관광 기념품을 판매하는 상인들의 번잡스러움이 뒤섞여 감동의 눈물이 쏙 들어가 버렸다. 웅장한 베드로 성당을 정면으로 바라보면서 들어가는 루트였다면 감동이 배가 되지 않았을까 생각했다.

상당히 김이 빠지는 기분으로 성당 옆구리의 열주 기둥을 지나 베드로 성당으로 발을 들여놓으려던 순간, 입구에서 수녀님 한 분과 로마에 사는 남편의 동료 가이드를 만났다. 온화한 품성이 그대로 얼굴에 드러나는 수녀님은 일면식도 없는 분이었다. 우리의 손을 꼭 붙들고 눈물이 그렁그렁 맺힌 눈으로 말했다.

"축하합니다. 그리고 고맙습니다."
"저희를 아세요?"
"블로그로, 유튜브로 매일 이태리부부의 생활을 보고 있어요. 많은 분께 용기를 주어서, 그리고 비아 프란치제나를 안전하게 걸어주어서 고맙습니다."

약속도 없이, 베드로 성당 앞에서 막연히, 로마로 내려오는 우리를 기다렸던 것이었다. 온라인 세상의 인간관계에 대해 끊임없이 회의를 느끼면서도 손 놓을 수 없는 이유는 바로 이런 순간들 때문이었다. 사람과 사람을 연결해주고 응원해주는 수많은 인연. 그녀의 수고했다는 말 한마디에 그간의 고독, 힘들었던 것이 모두 보상받은 느낌이었다.

수녀님은 귀한 김밥과 된장국 그리고 과일을 싸 오셨다. 내가 살아온 삶과 성직자로서 그녀의 삶, 그리고 걸어온 길을 번갈아 가며 생각했다. 아이처럼 수줍게 웃는 모습에서 늘 불안하고 조급했던 나를 돌아보았다. 그녀의 품에 폭 안겨 펑펑 울고 싶어졌지만, 짐짓 어른스러운 척하며 눈물과 함께 김밥을 삼켰다. 이토록 많은 사람의 응원이 모여 우리는 무사히 순례를 마칠 수 있었다고 믿었다. 이 글을 통해서도 다시 한번 감사의 인사를 전하고 싶다.

순례자들은 바티칸 사그레스티아 사무실(Ufficio della Sagrestia)에서 순례자 증명서(Testimonium)를 받을 수 있다. 기쁨의 환호성은커녕 어쩐지 기쁨도 슬픔도 느껴지지 않았다. 증명서는 정말 끝이라는 사실을 인지하는 종잇조각에 불과한 것 같았다. 이제 막 달아오른 불씨를 억지로 눌러 끄고 수녀님을 따라 베드로 성당으로 향했다. 재단 앞에 양 무릎을 꿇고 두 손을 가지런히 모아 기도했다. '때문에 때문에 때문에'를 시전해 가며 모든 것을 누구의 탓으로 돌리던 내가 '감사합니다'를 먼저 내뱉고 있음을 발견했다.

'안전하게 도착하게 하셔서 감사합니다. 걷는 도중 거센 비를 만나지 않게 해주셔서 감사합니다. 무엇보다 튼튼한 두 다리로 내 의지로 온전히 걷게 하셔서 감사합니다.'

베드로 성당에서 감사를 줄줄이 나열하는 기도를 드리면서 참을 수 없는 뜨거운 눈물을 흘렸다. 걸으면서 느꼈던 그 어떤 감정보다 강렬했지만, 눈물을 쏟아내고 나니 조금은 허무했다. 언제나처럼 배가 고팠고 걸은 후의 피로감이 똑같이 몰려왔다. 성당을 빠져나오자 회색빛이 감돌던 하늘 사이로 노란 해가 고개를 내밀었다. 어쩌면 태어나 딱 한 번이라도 바티칸에 와보는 것이 소원일지도 모르는 사람들 사이를 겨우 빠져나와 지하철역으로 걸었다. 비아 프란치제나 표지판을 따라 걷는 길은 끝이 났지만, 이제 진짜 내 길을 찾아 나설 차례였다.

로마 외곽 주거 지역

바티칸으로 가는 길

텅 빈 로마

바티칸 사그레스티아 사무실

로마 이후의 이야기

로마는 꼭 1년만이었다. 거주자에서 여행자로 그리고 순례자로 신분이 여러 번 바뀌었지만, 코로나 상황으로 관광객이 줄어들었다는 것만 빼면 로마는 그대로였다.

트레비 분수, 스페인 계단, 판테온 앞에서 마음껏 독사진을 찍었다. 예전 같았으면 꼭두새벽에 나와야 가능했을 일이었다. 줄서서 먹던 젤라토를 기다림 없이 받아들고 텅 빈 거리를 걸어보았다. 어쩜 하나도 기쁘지 않았다. 로마의 상징 콜로세움은 보는 둥 마는 둥, 출발 시각보다 한 시간이나 일찍 기차역에 도착했다. 텅 빈 콜로세움보다 기차를 타고 내리는 사람들을 구경하는 편이 더 낫겠지 싶었다.

집으로 돌아오는 내내 몸은 피곤했지만, 쉬이 잠이 오지 않았다. 아쉽거나 미련이 남아서가 아니었다. 단지 사랑해 마지않던 로마에서 오로시 바티칸만이 유의미하게 느껴졌다는 사실이 낯설 뿐이었다. 남편은 그런 나에게 '연예인 병'도 아닌 '순례자 병'에 걸렸다며 놀렸다. 맞다. 나는 한동안 '순례자 병'에서 헤어나오지 못했다. 새벽 5시 30분만 되면 눈이 번쩍 떠졌고, 5킬로미터 이내 거리쯤은 걸어서 다니는 열정을 발휘했다. 베네치아에 돌아온 이후에도 한동안 배낭을 멘 사람들만 눈에 들어왔다. 알고 보니 우리 집 앞 도로가 발트해 탈린에서 출발하여 로마로 이어지는 또 다른 성지 순례길 '스트라타 로메아'의 한 구역이었다. 성지 순례길을 걸은 후에야 보이기 시작한 세상이었다. 나도 마르첼로 아저씨처럼 순례객들에 시원한 물 한 잔 기꺼이 내어줄 수 있는 사람이 되어야겠다고 다짐했다.

우리 집, 내 소유물이 가득한 내 공간이 편했는데 무(無)에서 유(有)로 돌아오자 필요 없는 물건들이 자꾸 눈에 들어오기 시작했다. 난데없는 대청소에 돌입했다. 집이 텅 비어 보일 정도로 미련 없이 버리고 또 버렸다. 클릭 한 번으로 소유하기도 쉽고, 버리기는 더 쉬운 세상이었다. 내 일부였던 짐들을 차가운 길바닥에 버리면서 죄책감으로 얼굴이 일그러졌지만, 텅 빈 집을 바라보고 있자니 마음은 편했다. 필요와 욕구를 구분하고 단순한 삶에서 행복을 누릴 수 있다는 사실을 깨달았다. 익숙한 것들을 비워내는 것을 시작으로 나는 그렇게 서서히 일상으로 돌아가고 있었다.

걷기 전과 후 무엇이 달라졌는지 자신에게 여러 번 질문을 던졌다. 외형상으로는 검게 그을린 피부색이 가장 큰 변화였다. 일상으로 돌아온 우리는 어디 멋진 곳으로 휴가를 다녀왔느냐는 부러움을 샀다. '살이 빠졌네' 또는 '예뻐졌네' 도 아닌 피부색의 변화에 대한 반응에 나는 어쩐지 조금 뿌듯했다. 몸에는 긴장과 근육이 생겨 단단해졌다. 한동안 옷 자국 그대로 타버린 몸을 볼 때마다 나의 걷는 모습이 생각나서 저절로 웃음이 나왔다. 다이어트가 목표라던 남편은 생각보다 성과가 적어 꽤 실망했지만, 그 이후로 식단 조절을 통해 조금씩 체중을 줄여나가고 있다.

나는 순례길을 남편과 함께 걸었고 같은 생활, 문화권이었기 때문에 완전히 낯선 환경에 홀로 던져졌다는 처절함은 비교적 적었다. 현지인들의 언어를 이해할 수 있었고 대부분 여행으로 몇 번 방문해본 장소들이라서 뚜렷하게 느껴지는 삶의 외적 변화도 미미했다. 다만, 20일을 내리 걸은 경험은 내 삶에 분명 큰 자극이 되었다. 스스로 정한 한계를 뛰어넘는 과정은 나를 무너뜨리는 동시에 다시 올바로 세우는 경험이 되었다. 스페인 산티아고 순례길을 혼자 걸으면 어떨까. 문득 궁금했지만, 다음 계획도 여전히 비아 프란치제나로 향하고 있다. 이 길에 작은 점들을 무수히 찍을 생각이다.

순례길을 다녀온 지 여러 달이 지났다. 그사이 우리는 돌로미티와 몰타 여행을 다녀왔다. 말로 다 표현할 수 없이 행복했지만, 두 번의 여행을 통해 역시 걷는 여행이 최고라는 사실을 더 확실히 깨달았다. 내 두 발로 걸어 완성한 여행은 시간이 지날수록 더욱더 짙어지는 반면에 다른 두 여행은 점점 흐려지는 기분이었다. 물론 누구와 어떤 상황에서 하는 여행인가에 따라 다르겠지만, 걷는 사람들이 왜 반복적으로 걷는 여행을 하는지 조금은 알 것 같았다.

순례길을 걸은 후 무엇을 깨달았냐는 질문을 많이 받았다. 예전의 나는 부모님, 선생님, 친구에게 인정받기 위해 노력했다. 그래야 내 인생이 가치 있고 행복한 것이라고 착각하며 살았다. 열심히 살아도 늘 공허했고 불안했던 것은 타인에게 인정받고 싶은 욕구 때문이었을 것이다.

인정의 욕구는 나를 더 나은 사람으로 만들고, 발전시키기도 했지만, 타인에 대한 시기와 질투, 열등감에 사로잡혀 피폐하게 만들기도 했다. 길에서 나는 걷고 있는 자신이 대견하고 자랑스러웠다. 어느 순간, 예전의 순수했던 미소를 되찾게 되었다. 휘둘리지 않고 수시로 멈춰서 되돌아보고 때를 알아차리는 영민한 삶을 살고 싶다. 그저 걷기만 했는데 길이 나에게 알려준 것들이 참 많다.

무엇보다, 무작정 걸어본 사람만이 이해할 수 있는 감정이란 게 있는 것 같다. 걷는 여행은 절대 쉽게 잊힐 수 없었다. 내가 사는 세상에서 벗어나 걷는 행위에 집중하면서 내가 바라보는 세상이 전부가 아니었음을 깨닫는 시간이기도 했다. 한 발짝 물러서 객관적인 거리를 확보함으로써 삶을 바라보는 시야가 확장되었다.

돌이켜보면 말이 통하고 지리적으로 익숙하다는 이유로 나는 이탈리아에 살면서도 이탈리아만 여행해 왔다. 다양한 경험을 했다고 자부해 왔지만 걷는 동안 나를 직면하면서 알게 된 사실은 '나는 우물 안 개구리'였다는 것이었다. 이탈리아만 바라보고 이탈리아어만 공부하고 이탈리아 안에서 비슷한 사람들과 경쟁하면서 더 멀리 내다보지 못했다. 심지어 나를 좋아해 주는 사람들의 이야기에만 귀 기울이고 나에 대한 비판은 기꺼이 받아들이지 못했다. 이 우물 안에서 가치 있게 여겨지거나 절실하게 요구되는 것에만 얽매여 진짜 중요한 것이 무엇인지 잊고 살았다. 세상이 나를 중심으로 돌아가는 것 같은 아찔한 착각에 빠져 많은 것을 누렸고 또 잃었다.

이제는 안다. 나는 거대한 세상의 작은 존재일 뿐이며 생명과 사랑 말고는 그 어떤 것도 무의미하다는 사실을.

로마에서 돌아온 이후에도 나는 다시 어느 곳에도 뿌리를 내릴 수 없는 사람처럼 부유했다. 마치 떠나야만 하는 삶 같았다. 늘 불안했지만 멈춰있다고 해서 불안하지 않은 것은 아니었다. 오히려 떠도는 삶 속에서 우리는 매일 성장했고 자신을 객관화해 볼 수 있었다.

내일도 우리는 멈추지 않고 계속 걷기로 했다. 부유하는 삶이 이끄는 곳으로 떠밀려 가볼 생각이다.

비아 프란치제나를 걷게 된 이유
'뭔가 새로운 게 없을까?'

코로나 상황이 장기화하면서 우리의 일상도 잠시 멈추었다. 아내와의 추억을 기록하기 위한 목적으로 소소하게 시작했던 유튜브 채널이, 우리 부부가 코로나 시대를 버틸 수 있게 한 원동력이 되었다. 모든 창작 활동이 그렇듯 유튜브를 하면서 새로운 콘텐츠에 대한 고민을 항상 한다.

'월간답사 프로젝트'라는 이름으로 한 달에 한 번 실전 이탈리아 여행을 떠나는 콘텐츠를 생산하고 있다. 프로젝트 이름처럼 단순한 여행보다는 답사에 가깝다. 여행 계획을 세우고, 여행 중에는 사진과 영상으로 기록을 남기며, 여행을 다녀온 후에는 관련 내용을 정리한다. 다음에 이탈리아 여행을 계획하는 사람들에게 '최신' 여행 정보를 제공하겠다는 콘텐츠. 나름 야심차게 시작했다. 하지만 벌어들이는 수입이 전혀 없는 상황에서 2인 기준 2박 3일 일정에 평균 100만 원이 소요되는 콘텐츠를 무제한 이어갈 수는 없었다. 어디를 가서 무엇을 할지 신중히 선택해야만 했다.

추운 겨울이 지나고 따뜻한 봄이 찾아왔다. 이동제한령이 풀리고 백신 접종 계획이 발표되던 시기였다. 2021년 6월의 월간답사 프로젝트 장소를 고민하다가 '이탈리아에 사는 우리도 쉽게 갈 수 없는 곳을 한번 가보는 게 어떨까?'라는 생각이 들었다. 예전에 촬영한 사진들을 하나씩 꺼내어 보았다. 이탈리아 여행 가이드 일을 하며 여러 차례 방문했던 토스카나 지역이 눈에 들어왔다. 그중에서도 사이프러스 나무를 곁에 두고 커다란 가방을 메고 묵묵히 걸어가던 순례자들의 모습이 머릿속을 스쳐 지나갔다.

'비아 프란치제나 Via Francigena'

이탈리아 성지 순례길. 뭔가 새로우면서도 뜻 깊은 여정이 될 것만 같았다. 바로 지도를 펼치고 우리가 가야 할 길을 살펴봤다. 결정하고 출발하기까지 일주일이 채 걸리지 않았다. 가보지 않은 길에 대한 기대 반, 두려움 반! 오랜만에 느끼는 기분 좋은 설렘이었다.

비아 프란치제나에 대한 의견
결론부터 말하자면 한 번쯤 걸어 볼 만한 길

우리는 루카에서부터 로마(바티칸)까지 약 400km 구간을 걸었다. 본인의 체력이나 일정에 따라 어느 구간을 걸을 지 정하면 된다. 우리가 루카를 시작 지점으로 정한 이유는 접근성이 좋아서였다. 피렌체에서 기차를 타고 루카까지 약 1시간 20분~1시간 40분 정도 소요된다.

물론 아쉬운 부분도 있었다. 일반적으로 성지 순례길이라고 하면 스페인의 산티아고 길을 떠올린다. 그와 비교했을 때 숙소나 식사에 지출되는 비용이 상당히 큰 편이다. 토스카나 구간은 어느 정도 인프라가 갖추어진 편이나, 라치오 구간으로 내려오자 안내 표지판이나 정비되지 않은 길이 이어지고, 숙소 선택의 폭 역시 대폭 줄었다. 코로나로 인해 얼마 없는 순례자 숙소마저 대부분 문을 닫은 상태였다. 우리가 걸을 당시는 코로나 상황이어서 순례자 전용 숙소가 아닌 에어비앤비 혹은 부킹닷컴 등 전용 앱에서 찾은 숙소에 머물렀다. 안전을 위해 되도록 이른 아침, 해가 떠오르는 시각쯤 출발해서 점심 때 쯤 목적지에 도착하는 일정을 권장한다. 우리는 보통 새벽 5시에 일어나서 5시 30분이나 6시쯤 출발, 오후

1~2시쯤 목적지에 도착하는 것을 목표로 진행했다. 이동하는 동안 카페 하나 만날 수 없는 구간도 있으니 하루 동안 마실 물과 간식 등 비상식량을 챙기자. 다음 마을로 길을 떠나기 전에 카페, 식당 등에서 화장실을 이용하는 것도 중요하다.

시에나 또는 산 지미냐노처럼 일반적인 관광객도 많이 찾는 도시를 제외한 나머지 마을들은 전반적으로 조용한 분위기였다. 덕분에 성지 순례길을 걸으면서 이탈리아 소도시의 느낌을 온전히 느낄 수 있었다. 인적이 드문 편이지만, 한편으로 소매치기 등이 없어 치안은 안전한 편이라 생각된다. 날씨와 체력, 길의 상황 등을 살펴보고, 돌발 상황을 대비해 버스나 택시 등의 이동 수단 여부도 미리 파악해두기를 추천한다. 비아 프란치제나 전용 앱이 있다. 길이 상세하게 안내되어 있으니 꼭 활용할 것을 추천한다.

열악한 인프라와 정보의 부재로 이 길을 걷는다는 게 망설여질 수도 있다. 그런데도 이 길을 걸으며 마주하는 낯선 풍경들과 최종 목적지인 바티칸에 도착했을 때의 감동은 말로 다 표현할 수가 없다. 인생을 살면서 한 번쯤 걸어볼 만한 길이라 생각한다.

비아 프란치제나 이후의 이야기
휴머니즘, 순례길을 걷는 낯선 이에게 건네는 조건 없는 응원과 격려

우리는 늘 치열한 경쟁 속에서 살아간다. 다른 누군가와의 끊임없는 비교를 통해 앞서 나아가기를 희망한다. 언제나 효율을 강조하고, 낭비되는 삶을 극도로 꺼린다. 내가 멈춘다는 건 다른 이에 비해 뒤처진다는 의미로 받아들인다. 그렇다보니 타인을 응원하거나 돕는 게 어렵다. 그렇게 사람들은 서로에게서 점점 멀어져간다.

그러나, 순례길은 달랐다. 낯선 이방인에게 건네는 조건 없는 응원과 격려. 그 따뜻한 마음이 온전히 전해지면서 얼어붙은 마음도 조금씩 녹기 시작했다.

'우리는 왜 이렇게 치열하게 살고 있는 걸까?'
'경쟁을 통해 다른 누군가를 이겨야만 행복한 삶일까?'

삶에 정답은 없지만, 누구나 한 번쯤 지나온 길을 되돌아보며 앞으로 어떻게 살아갈 것인지에 대한 진지한 자기반성과 성찰이 필요하다고 생각한다. 그런 의미에서 이 길은 걸어볼 가치가 충분했다. 하루 8~10시간을 걸으며 자연스레 사색에 잠길 기회가 많다.
혼자 걷는 이도 있고, 친구와 함께 걷는 이도 있고, 부부가 함께 걷는 경우도 있다. 누구와 걷든 이 길 위에서는 그 누구도 경쟁 관계가 아니다. 걷다 힘들어 잠시 쉬고 있으면 힘내라고 격려해 주는 사람들, 걷다가 눈이 마주치면 미소 지으며 오늘 하루도 수고했다 말해주는 순례자 마을 사람들. 그렇게 한 걸음씩 내딛다 보니 멀게만 느껴졌던 400킬로미터의 여정도 어느새 끝나 있었다.
길을 걷는 동안은 치열한 경쟁에서 한 발쯤 뒤로 물러나 잠시 멈추어 있다고 생각했는데, 결과적으로 내 삶은 더 풍요로워졌다. 바티칸 베드로 성당에 도착한 후 이 길을 걸어온 순례자에게 주어지는 증서를 받았을 때의 성취감도 빼놓을 수 없다. 앞으로 지나친 경쟁에서 물러나, 내 주위를 둘러보며 낯선 이에게 조건 없는 응원과 격려를 보내는 삶을 살아야겠다고 다짐했다. 저마다 느끼는 점은 다르겠지만, 이 길을 걷는다는 건 분명 자신에게 긍정적인 영향을 줄 것이라 확신한다. 코로나 시대를 겪으며 지쳐 있는 우리의 마음을 달래준 비아 프란치제나. 앞으로 이 길을 걷게 될 많은 이들의 도전을 응원한다.

준비물

배낭, 판초(우의), 세면도구, 충전기, 바람막이, 스포츠웨어 반소매 티셔츠 2장, 긴바지 1개, 짧은 바지 1개, 속옷, 스틱, 등산 양말 3개, 선크림, 계절에 따라 경량 패딩, 침낭, 여름용 토시

순례자 여권 만들기

각 도시의 여행자 인포메이션 센터나 비아 프란치제나 공식 사이트에서 구매 가능(5유로)

순례자 여권에 도장 받기

여행자 인포메이션 센터, 순례자 숙소, 각 마을의 대표 성당, 카페, 레스토랑 등에서 각각 다른 모양의 도장을 받을 수 있다. 순례 증서를 받기 위한 증거가 된다.

알아두면 좋은 이탈리아어

- Credenziale(크레덴지알레): 순례자 여권/Timbro(팀브로): 도장
- Pellegrini(펠레그리니): 순례자
- Testimonium(테스티모니움): 순례자 증명서
- Ospitalità(오스피탈리타) 또는 Ospitale(오스피탈레): 순례자 숙소
- Ospedale(오스페달레): 병원
- Offerta(오페르타): 기부제로 운영된다는 뜻
- Misericordia(미세리코르디아): '자비'라는 뜻의 각 지방 가톨릭 연합회로, 궁핍한 사람들을 돕는 자선 단체이다. 이탈리아 전역의 거점 마을에서 쉽게 찾아볼 수 있으며 지역

의 병원, 성당 등과 연계되어 있어 순례 도중 긴급 상황 발생 시 도움을 요청할 수 있다.

누구에게 로마 순례길을 추천하고 싶은가?

널리 알려지지 않은 이탈리아 또는 유럽의 소도시 여행과 걷기를 겸하고 싶은 여행자들에게 추천한다. 단, 스페인 산티아고 순례길보다 비용 부담이 큰 편이다. 이탈리아 음식이나 숙박비 등의 기본 물가가 높고 순례자 숙소 선택의 폭이 비교적 좁다.

전체 경로는 몇 킬로미터이며 얼마 동안 걷는가?

비아 프란치제나의 전체 경로는 약 2000킬로미터이며, 이 중 이탈리아 구간은 1020킬로미터이다. 하루 평균 25~30킬로미터를 걷는다고 가정하면 비아 프란치제나 전체 경로는 평균 75~85일, 이탈리아 구간만 걸으면 35~40일이 소요된다.

역방향으로 걷는 사람들도 있나?

있다. 토스카나 구간은 로마로 내려가는 사람들을 위한 표시뿐만 아니라 반대쪽(북쪽)으로 올라가는 사람들을 위한 길도 자세히 표시되어 있다.

비아 프란치제나를 걷기 가장 좋은 계절은?

추천하는 달은 5, 6월과 9, 10월이지만 계절마다 각각의 매력이 있다. 단, 전체 구간을 걷는다면 고려해야 할 사항이 있다. 이탈리아와 스위스 사이의 알프스 그란 산 베르나르도(Gran San Bernardo) 구간인데, 눈 때문에 10월에서 5월 말까지 폐쇄되기도 한다. 우기인 겨울철에 일부 구간은 홍수로 길이 닫힐 수 있으니 일기예보를 잘 확인해야 한다.

비아 프란치제나 순례객들이 가장 많이 걷는 구간은 어디인가?

이탈리아 토스카나 구간이 비교적 가장 잘 정비되어 있다. 대부분 순례객이 이탈리아 토스카나 주와 라치오 주를 걷는다. 우리가 걸은 여정도 이 구간이었다.

순례길 표시

각 나라마다 순례길 표시가 다르다. 이탈리아의 경우,

* 수직 표지판: 이탈리아는 커다란 갈색의 알루미늄 화살표 수직 표지판이 일반적이다.

* 비석: 적색 세로줄 사이에 'Via Francigena'를 뜻하는 약자 'VF'가 적힌 표지석이 길가
  에 놓여있다.

* 'VF' 또는 흰색 빨간색으로 표시된 깃발이 곳곳에 있다. 단, 이탈리아 구간에서 발레 다
  오스타 지역은 예외이다. 표식의 통일성에 동의하지 않아 수직 노란색 화살표로 순례
  길을 표시한다.

순례자 숙소 이용하기

비아 프란치제나의 순례자 숙소는 '오스피탈리타' 라고 불린다. 아쉽게도 산티아고 순례
길 만큼 다양하고 경제적이지 않다. 마을의 종교단체 또는 성당에서 봉사자들에 의해 운
영되며 가격은 보통 20유로 선이다(10~25유로). 기부제로 운영되는 곳도 있지만, 무
료를 의미하는 것은 아니다. 적은 금액이라도 기부하는 것이 암묵적인 관례이자 매너이
다. 대규모로 운영되는 곳도 있지만 대부분은 침대 개수가 많지 않고 성수기에만 운영되
는 곳도 있어서, 최소 하루 전에는 미리 예약하길 권한다. 관광호텔 또는 B&B도 이용할
수 있다.

비아 프란치제나는 대중교통 이용이 쉬운가?

기차, 버스 등 노선을 이용할 수 있지만, 주말에는 운행하지 않거나 하루에 2~3대 밖에 운행하지 않는 구간도 있다.

식수대와 휴식 공간이 있나?

식수대, 휴식 공간, 간단한 음료와 스낵을 파는 바(Bar) 또는 레스토랑이 있으나, 전혀 없는 구간들도 있다. 특히 겨울철에는 식수대 이용이 불가능한 곳도 있어서 물과 비상식량은 꼭 챙기기 바란다.

인터넷 연결이 안 되는 구간이 있나?

대부분은 인터넷 연결에 어려움이 없으나, 산간 지역에서 가끔 연결이 안 되기도 한다. 지도 등을 따로 챙기기를 추천한다.

> * 유용한 GPS 지도 애플리케이션
> Android - OSMAND
> iPhone - EASY TRAIL GPS

1일 평균 지출은?

순례자 숙소에서 머물며 간단히 식사만 할 경우, 하루 평균 40~50유로가 든다. 호텔 숙박과 외식, 의약품 구입 등을 고려한다면 비용은 더 증가한다. 스위스와 프랑스, 영국은 이탈리아보다 물가가 비싼 편이다.

우리 부부가 걸은 여정

day1. 루카(Lucca)

day2. 루카-푸체키오(Fucecchio)-39킬로미터

day3. 푸체키오-산 미니아토(San Miniato)-9킬로미터

day4. 산 미니아토-감바씨 떼르메(Gambassi Terme)-24킬로미터

day5. 감바씨 떼르메-산 지미냐노(San Gimignano)-13킬로미터

day6. 산 지미냐노-몬테리지오니(Monteriggioni)-27킬로미터

day7. 몬테리지오니-시에나(Siena)-18킬로미터

day8. 시에나-부온콘벤토(Buonconvento)-30킬로미터

day9. 부온콘벤토-반뇨 비뇨니(Bagno Vignoni)-26킬로미터

day10. 반뇨 비뇨니-라디코파니(Radicofani)-28킬로미터

day11. 라디코파니

day12. 라디코파니-아쿠아펜덴테(Acquapendente)-24킬로미터

day13. 아쿠아펜덴테-볼세나(Bolsena)-23킬로미터

day14. 볼세나-몬테피아스코네(Montefiascone)-18킬로미터

day15. 몬테피아스코네-비테르보(Viterbo)-18킬로미터

day16. 비테르보-베트랄라(Vetralla)-17킬로미터

day17. 베트랄라-수트리(Sutri)-24킬로미터

day18. 수트리-캄파냐노 디 로마(Campagnano di Roma)-24킬로미터

day19. 캄파냐노 디 로마-라 주스티니아나(La Giustiniana)-26.7킬로미터

day20. 라 주스티니아나-로마(Roma)-14.6킬로미터

가장 위험했던 구간

12일차. 라디코파니에서 아쿠아펜덴테까지 7킬로미터에 달하는 고속국도 구간이다. 차량 통행량이 많은 도로를 걸어야 했다.

가장 힘들었던 구간

10일차. 반뇨 비뇨니에서 라디코파니까지 가는 36번 코스. 우리가 걸었던 코스 중 가장 길고, 고도가 높았다. 35번 코스 때 4~5킬로미터를 더 걸어두기를 권장한다.

가장 추천하는 구간

토스카나 전 구간. 꼭 한 구간만 걸어야 한다면,

토스카나 주: 부온콘벤토에서 산 퀴리코 도르차 구간

라치오 주: 몬테피아스코네에서 비테르보 구간을 추천한다.

가장 기억에 남는 구간

15일차. 《로마로 가는 길》이라는 책 이름에 가장 부합하는 고대 로마로 가는 길, 비아 카시아(Via Cassia Romana).

긴급 연락처

112: 유럽 연합의 모든 회원국에서 긴급 서비스에 통용되는 번호

115: 소방서

118: 구급차

짐 운반 서비스

수요가 거의 없어서 활성화되어 있지 않고 비용이 비싸다. 대표적인 업체는 Bon Bags, Bags Free 등이 있다. 이탈리아 라치오 주 내에서만 이용 가능한 서비스이다. (토스카나 구간 Fabrizio +39 347 812 6258)

추천 애플리케이션

Via Francigena Official App

SloWays - Via Francigena

day1. 루카

🛏 루카 순례자 숙소

Ostello della gioventu San Frediano(침대 140)
주소: Via della Cavallerizza, 12, 55100 Lucca LU / 전화 : 0583 442817

Casa del Pellegrino San Nicolao(침대 10)
주소: Via S. Nicolao, 76, 55100 Lucca LU / 전화 : 331 1311522
이메일 : francigenalucca2017@gmail.com

Casa del Pellegrino(침대 35, 동물 숙박 가능)
주소: Via Comunale Freddana, 15 Valpromaro (Lucca)
전화: 0583 956028 / 이메일 : valpromaro@gmail.com

Pellegrino San Davino(침대 11, 장애인 숙박시설 있음)
주소: Via san Leonardo 12, Lucca / 전화 : 0583 53576, 366 1062641
이메일: sandavino@luccatranoi.it

🚶 순례자 여권 구매 장소

Tourist Center Lucca
주소: Piazzale B. Ricasoli, 203, 55100 Lucca LU
운영 시간: 월~일/09:30~19:00
순례자 여권 가격: 5유로

🚶 루카 가볼 만한 곳

구이니지 탑
주소: Via Sant'Andrea, 41, 55100 Lucca LU / 입장료 : 5유로

day2. 루카 → 푸체키오

이동거리	39킬로미터
출발/도착(소요시간)	07:10~20:30(13시간 20분)
난이도	최상
중간마을	카판노리, 포르카리, 알토파쇼, 폰테 아 카피아노

🛏 **알토파쇼 순례자 숙소**
....

HOSTAL BADIA(침대 26)
주소: Via della Chiesa, 55011 Altopascio LU / 전화: 39 3357025335
이메일: info@iniziativaturistica.org

Piazza Ospitalieri(침대 7)
주소: Piazza Ospitalieri, Altopascio LU
이메일: turismo@comune.altopascio.lu.it

🛏 **푸체키오 순례자 숙소**
....

Ostello Ponte de' Medici(침대 40)
주소: Viale Cristoforo Colombo, 237, 50054 Ponte Cappiano FI
전화: 0571 297831
이메일: ostellopontedemedici@gmail.com

Casetta del Pellegrino(침대 7)
주소: Via della Chiesa, 20 50054 Fucecchio loc. Galleno
전화: 39 0571 299931
이메일: sanpietrogalleno@gmail.com

day3. 푸체키오→ 산 미니아토

이동거리	9킬로미터
출발/도착(소요시간)	08:00~13:00(5시간)
난이도	하
중간마을	온트라이노, 산 미니아토 바쏘 *산 미니아토 마을 입구에서 순례자를 위한 휴게 공간과 물, 음료, 간식 제공

🛏 산 미니아토 순례자 숙소

Convento Francescano(침대 55)
주소: Piazza S. Francesco, 1, 56028 San Miniato PI
선화: 0571 43051
이메일 : sanminiato@nuoviorizzonti.org

Misericordia di San Miniato Basso(침대 15, 기부제 운영)
주소: Piazza Vincenzo Cuoco, 56028 San Miniato Basso PI
전화: 0571 419455
이메일 : mario.giugni@libero.it

Ostello San Miniato(침대 13)
주소: Piazza Giuseppe Mazzini, 1 56028 San Miniato Alto PI
전화: 338 7997004
이메일: ostellosanminiato@gmail.com

🍽 식낭 추천

Piccola Osteria del Tartufo(트러플 요리 맛집)
주소: Piazza del Popolo, 3, 56028 San Miniato PI

산 미니아토 가볼 만한 곳

페데리코 2세 타워(Torre di Federico II)
주소: 56028 San Miniato PI

송로버섯 채집 투어와 홈런치 쿠킹 클래스

Truffle in Tuscany – Truffle Hunting Experience
주소: via Covina 44/c San Miniato (Pisa)
전화: 347 9030371
이메일: info@truffleintuscany.it

day4. 산 미니아토→ 감바씨 떼르메

이동거리	24킬로미터
출발/도착(소요시간)	05:50~16:20(10시간 30분)
난이도	상
중간마을	칼렌자노, 보르고포르테, 코이아노 *중간에 물, 음식 살 곳 전혀 없음. 식수대 2군데

🛏 감바씨 떼르메 순례자 숙소

Ostello Sigerico
주소: Strada Provinciale Volterrana, 33, 50050 Gambassi Terme FI
전화: 324 796 8837 / 0571 638242
이메일: ostello.sigerico@yahoo.com

Chiesa di cristo re
주소: Via Volterrana, 52, 50050 Gambassi Terme FI
전화: 0571 638208

🛁 감바씨 떼르메 온천

Terme della Via Francigena
주소: Piazza Giuseppe di Vittorio, 1, 50050 Gambassi Terme FI
입장료: 25유로 (순례자 20유로)

🍴 식사 및 순례자 도장 찍는 곳

Pontormo Caffe
주소: Via Volterrana, 34, 50050 Gambassi Terme FI

day5. 감바씨 떼르메→ 산 지미냐노

이동거리	13킬로미터
출발/도착(소요시간)	08:40~13:40(5시간)
난이도	하
중간마을	없음

🛏 산 지미냐노 순례자 숙소

Convento Sant'Agostino(침대 4, 기부제 운영)
주소: Piazza Sant'Agostino, 10, 53037 San Gimignano SI
전화: 0577 907012 / 0577 904 313
이메일: sangimignanoconvento@yahoo.it

Monastero San Girolamo(침대 32)
주소: Via Folgore da S. Giminiano, 26, 53037 San Gimignano SI
전화: 0577 940573
이메일: monasterosangimignano@gmail.com

🚶 순례자 쉼터, 식수대

Santuario Maria SS. Madre della Divina Provvidenza
주소: Loc. Pancole – Santo Pietro, 53037 San Gimignano SI

🚶 산 지미냐노 인포메이션 센터

주소 : Piazza del Duomo, 1 53037 San Gimignano SI
전화번호 : 0577 940008

🍴 젤라떼리아 돈돌리

Gelateria Dondoli srl
주소 : Piazza Della Cisterna, 4, 53037 San Gimignano SI

🍴 사프란 투어

Casanova di Pescille
주소 : Loc. Pescille, 53037 San Gimignano SI
이메일 : pescille@casanovadipescille.com

day6. 산 지미냐노→ 몬테리지오니

이동거리	27킬로미터
출발/도착(소요시간)	06:15~17:45(11시간 30분)
난이도	상
중간마을	콜레 디 발델사, 스트로베, 아바디아 아 이솔라 *중간에 갈림길이 있음

🛏 **콜레 디 발델사 순례자 숙소**
....
Convento di San Francesco(침대 60)
주소: Via San Francesco, 4 – Colle Val d'Elsa
전화: 327 6799124 / 0577 920040
이메일: tabor@arcidiocesi.siena.it

🛏 **아바디아 아 이솔라 순례자 숙소**
....
Ospitale dei Santi Cirino e Giacomo(침대 24)
주소: Abbadia Isola, 4, 53035 Monteriggioni
전화: 328 823 4546 / 371 471 7079

🛏 **몬테리지오니 순례자 숙소**
....
Casa per ferie Santa Maria Assunta(침대 20)
주소: Piazza Roma, 23, 53035 Monteriggioni SI
전화: 3371 471 7079 / 0577 304081
이메일: monteriggioni.caseaccoglienza@gmail.com

day7. 몬테리지오니→ 시에나

이동거리	18킬로미터
출발/도착(소요시간)	05:50~12:10(6시간 20분)
난이도	중
중간마을	라 빌라 *라 빌라에는 순례자들에게 무료로 음료와 음식을 제공해 주는 마르첼로의 집이 있다

🛏 시에나 순례자 숙소
....

Foresteria San Clemente
주소: Piazza Alessandro Manzoni, 5, 53100 Siena SI
전화: 0577 222633 / 39 3892983135
이메일: weabis1233@gmail.com

Accoglienza Santa Luisa(침대 8)
주소: Via S. Girolamo, 8, 53100 Siena SI / 전화: 0577 284377

Comunit Santa Regina(침대 51)
주소: Via Bianca Piccolomini Clementini, 6, 53100 Siena SI
전화: 0577 221206

Camping Colleverde Siena (캠핑장)
주소: Str. di Scacciapensieri, 47, 53100 Siena SI
전화: 0577 334080

마르첼로의 집
....

Punto Sosta La Villa Via Francigena
주소: Str. della Villa, 13, 53035 La Villa SI

day8. 시에나 → 부온콘벤토

이동거리	30킬로미터
출발/도착(소요시간)	05:50~13:30(7시간 40분)
난이도	중
중간마을	이솔라 다르비아, 폰테 다르비아 *부온콘벤토는 토스카나 주 소도시로 이동하기 위한 거점 마을이다. 하루쯤 여유가 있다면 114번 버스(몬탈치노), 112번 버스(몬테풀치아노, 피엔차, 산 퀴리코 도르차)여행 추천

🛏 **폰테 다르비아 순례자 숙소**
....
Centro Cresti(침대 20, 부엌 사용 가능)
주소: Via Cassia, 3, 53014 Ponte D'arbia SI
전화: 327 7197439
이메일: centrocresti@libero.it

🛏 **부온콘벤토 순례자 숙소**
....
Chiesa dei Santi Pietro e Paolo(침대 10)
주소: Via Soccini, 10, 53022 Buonconvento SI
전화: 0577 806089

day9. 부온콘벤토→ 반뇨 비뇨니

이동거리	26킬로미터
출발/도착(소요시간)	06:00~17:30(11시간 30분)
난이도	상
중간마을	토레니에리, 산 퀴리코 도르차

🛏 산 퀴리코 도르차 순례자 숙소

palazzo del pellegrino
주소: Via Dante Alighieri, 33, 53027 San Quirico d'Orcia SI
전화: 0577 898303 / 379 1294369
이메일: palazzodelpellegrino@gmail.com

Casa per ferie La Collegiata
주소: Via delle Carbonaie, 18, 53027 San Quirico d'Orcia SI
전화: 340 7967934
이메일: casaferie@parrsanquiricodorcia.it

🍴 길에서 만난 와이너리

카파르초(CAPARZO SRL SOCIETA AGRICOLA)
주소: Strada Provinciale del Brunello, 53024 Montalcino SI
8유로에 순례자 메뉴 제공(물, 샌드위치, 와인)

트리체르키(Castello Tricerchi)
주소: Località Altesi, 53024 Montalcino SI

317

day10. 반뇨 비뇨니→ 라디코파니

이동거리	28킬로미터
출발/도착(소요시간)	05:50~17:00(11시간 10분)
난이도	최상
중간마을	카스틸리오네 도르차 *처음부터 끝까지 완만한 경사의 오르막길이 이어지는 난이도가 높은 구간이다. 카스틸리오네 도르차 이후 물을 구할 곳이 없지만, 라디코파니 8킬로미터 전에 위치한 라 비사르카(La Bisarca) 주유소 자판기에서 물을 살 수 있다(주소: SS2, 53023 Bagni San Filippo SI)

🛏 라디코파니 순례자 숙소
....

Spedale dei Santi Pietro e Giacomo(침대 16, 주방 사용 가능)
주소: Via dello Spedale, 2, 53040 Radicofani SI
전화: 338 7982255 / 338 9205540

Radic Hostel
주소: Piazza Anita Garibaldi, 2, Radicofani
전화: 376 0622460
이메일: info@ostellifrancigena.it

🛏 파우스토 아저씨네 숙소
....

Casa Del Ciliegio
주소: Via del Ciliegio, 2, 53040 Radicofani SI

🍴 라디코파니 식당 추천
....

Trattoria Le Ginestre da Mimmo
주소: Via Odoardo Luchini, 18, 53040 Radicofani SI

day12. 라디코파니→ 아쿠아펜덴테

이동거리	24킬로미터
출발/도착(소요시간)	05:50~17:00(11시간 10분)
난이도	상
중간마을	폰테 아 리고 *통행량이 많은 SR2 국도를 7킬로미터 걸어야 함

🛏 폰테 아 리고 순례자 숙소
....

Casa del Pellegrino a Ponte a Rigo(침대 8)
주소: Celle sul Rigo, 320, 53040 Ponte A Rigo SI
전화: 334 3546142

🛏 아쿠아펜덴테 순례자 숙소
....

La Casa del Pellegrino(침대 13)
주소: Via Roma, 51
전화: 339 8499965

🍷 아쿠아펜덴테, 코트랄 버스 티켓 판매하는 바
....

Bar La Pergola S.N.C. Di Rossi Mauro & C
주소: Via Cassia, 80, 01021 Acquapendente VT

day13. 아쿠아펜덴테→ 볼세나

이동거리	23킬로미터
출발/도착(소요시간)	07:40~14:40(7시간)
난이도	중
중간마을	산 로렌조 누오보

🛏 **볼세나 순례자 숙소**
....

Istituto Suore del SS. Sacramento(침대 15)
주소: Piazza Santa Cristina, 14 01023 Bolsena (VT)
전화: 0761 586210

Casa di Preghiera Santa Cristina(침대 22)
주소: Corso Cavour, 70, 01023 Bolsena
전화: 346 6044158
이메일: info@casacamporitiro.it

🧺 **볼세나 셀프 빨래방 추천**
....

Bio Lavatu
주소: Via Antonio Gramsci, 391, 01023 Bolsena VT
빨래 10킬로그램 세탁 4유로, 건조 1유로

🍽 **볼세나 식당 추천**
....

Trattoria del Moro
주소: Piazzale Dante Alighieri, 5, 01023 Bolsena VT

day14. 볼세나 → 몬테피아스코네

이동거리	18킬로미터
출발/도착(소요시간)	06:10~11:10(5시간)
난이도	하
중간마을	없음 *순례자 인증서를 받기 위해서는 바티칸까지 100킬로미터 이상 걸었다는 것을 증명해 야 한다. 몬테피아스코네에서부터는 반드시 순례자 여권에 도장을 받을 것

🛏 몬테피아스코네 순례자 숙소

Accoglienza Raggio di Sole(침대 30)
주소: Via San Francesco, 3 Montefiascone VT
전화: 347 5900953 / 이메일: edybertolo@libero.it

Monastero di San Pietro, Monache Benedettine
주소: Via Gribaldi, 31, 01027 Montefiascone VT
전화: 0761 826066

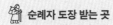 순례자 도장 받는 곳

Rocca dei Papi
주소: Piazza Urbano V, 01027 Montefiascone VT

ceramica artigianale Terra & Colore
주소: Via S. Lucia Filippini, 8, 01027 Montefiascone VT

🍽 몬테피아스코네 식당 추천

Enoteca Provinciale Tuscia
주소: Via Rocca dei Papi, 01027 Montefiascone VT

day15. 몬테피아스코네→ 비테르보

이동거리	18킬로미터
출발/도착(소요시간)	06:00~11:10(5시간 10분)
난이도	하
중간마을	없음 *고대 로마의 길 '비아 카시아'를 걷는 길

🛏 비테르보 순례자 숙소

Parrocchia S. Leonardo Murialdo
주소: Via Caduti IX Stormo, snc, 01100 Viterbo VT
전화: 0761 220488
이메일: angelobissoni@gmail.com

Convento dei Cappuccini, Casa San Paolo
주소: Via S. Crispino, 6, 01100 Viterbo VT
전화: 0761 220761/351 753 3649

온천 정보

Parco Termale del Bagnaccio(유료)
주소: Strada del Garinei, 01100 Viterbo VT

Terme dei papi(교황의 온천, 유료)
주소: Str. Bagni, 12, 01100 Viterbo VT

day16. 비테르보→ 베트랄라

이동거리	17킬로미터
출발/도착(소요시간)	05:50~11:10(5시간 20분)
난이도	하
중간마을	없음 *베트랄라 지역의 물에는 비소 물질이 다량 검출된다. 마시는 물로는 적합하지 않음

🛏 베트랄라 순례자 숙소
....

Monastero Regina Pacis(침대 44)
주소: Via Giardino, 4, 01019 Vetralla VT
전화: 0761 481519 / 이메일: accoglienza@casareginapacis.com

Associazione FamilARCA
주소: Via Cassia Botte, 89 Vetralla VT
전화: 339 3520365 / 이메일 : familarca@gmail.com

🍴 베트랄라 추천 식당
....

Trattoria La Lanterna
주소: Via Roma, 26, 01019 Vetralla VT

🧑‍🌾 베트랄라 올리브 협동조합
....

Cooperativa Olivicoltori di Vetralla
주소: Viale Eugenio IV 128, S.R. Cassia, Km 67,600, 01019 Vetralla VT

day17. 베트랄라 → 수트리

이동거리	24킬로미터
출발/도착(소요시간)	05:50~13:00(7시간 10분)
난이도	중
중간마을	카프라니카

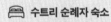 **수트리 순례자 숙소**
....

Casa del Pellegrino
주소: Via dei Saturnali, 10, 01015 Sutri VT
전화: 338 418188 / 333 344 7870
이메일: casadelpellegrino10@gmail.com

Monastero Carmelitane(침대 16)
주소: Via Giuseppe Garibaldi, 1, 01015 Sutri VT
전화: 0761 609082 / 0761 609082
이메일: carmelo.s.concezione@gmail.com

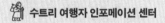 **수트리 여행자 인포메이션 센터**
....

Sutri Borgosmart
주소: Piazza del Comune, 01015 Sutri VT

day18. 수트리→ 캄파냐노 디 로마

이동거리	24킬로미터
출발/도착(소요시간)	06:00~14:00(8시간)
난이도	중
중간마을	몬테로시 *트레야 공원의 몬테 젤라토 폭포에서 시원한 물놀이 가능

🛏 캄파냐노 디 로마 순례자 숙소

Oratorio San Giovanni Battista(침대 40)
주소: Via Dante Alighieri, 7, 00063 Campagnano di Roma RM
전화: 333 9381576 / 06 904 1094
이메일: donrenzotanturli@virgilio.it

몬테 젤라토 폭포

Cascata di Monte gelato
주소: Strada Comunale Monte Gelato, 00060 Mazzano Romano RM

day19. 캄파냐노 디 로마 → 라 주스티니아나

이동거리	26.7킬로미터
출발/도착(소요시간)	06:00~16:00(10시간)
난이도	중
중간마을	포르멜로, 이솔라 파르네제, 라 스토르타

 이솔라 파르네제 순례자 숙소
....
Sotto al Castello Isola Farnese (침대 6)
주소: Via dell'Isola Farnese 175, 00123
전화: 333 6727228
이메일: silva.sgalippa50@gmail.com

소르보 성지
....
Santuario della Madonna del Sorbo
주소: Str. del Sorbo, 00063 Campagnano di Roma RM

day20. 라 주스티니아나 → 로마

이동거리	14.6킬로미터
출발/도착(소요시간)	08:00~15:00(7시간)
난이도	중
중간마을	없음

 로마 순례자 숙소

Spedale della Provvidenza di San Giacomo e San Benedetto Labre
주소: Via dei Genovesi, 11/B, 00153 Roma RM
전화: 327 2319312 / 353 4286139

Casa per ferie Centro Pellegrini S. Teresa Courdec
주소: Via Vincenzo Ambrosio, 9, 00136 Roma RM
전화: 06 3540 1142

순례자 증명서 받는 법

순례자 도장이 찍힌 여권을 제시해야 한다. 로마로 이르는 순례길의 마지막 구간 100킬로미터를 도보로
또는 200킬로미터를 자전거로 완주한 순례자에게만 발급된다.

사그레스티아 사무실(Ufficio della sagrestia)
08:30~12:30(수/일 휴무)

순례자 사무실(Opera Romana Pellegrinaggi)
08:30~16:30/일요일 및 공휴일 휴무